歴史文化ライブラリー
482

徳川家康と武田氏

信玄・勝頼との十四年戦争

本多隆成

吉川弘文館

目　次

信玄・勝頼との二代にわたる試練——プロローグ

1　信玄・勝頼との二代にわたる試練

徳川家康《とくがわいえやす》の七五年（満年齢では七三歳）に及ぶ長い生涯の中で、ある意味でもっとも試練に直面したのは、武田信玄《たけだしんげん》と勝頼《かつより》との二代にわたる武田氏との抗争の時期であったように思われる。家康は、永禄十一年（一五六八）十二月に信玄とほぼ同時に今川《いまがわ》領国に侵攻したが、そこで早くも信玄に「疑心」を抱くことになり、その後は信玄との三方原《みかたばら》の戦いや勝頼との高天神城《たかてんじんじょう》をめぐる攻防などが続いたのである。天正十年（一五八二）三月に武田氏が滅亡することにより、それまでの苦難からはやっと解放されることになるが、その間、実に一四年にわたる試練の時期であった。そして、この時期の試練があったればこそ、それを糧《かて》として、後年の飛躍につながっていったともいえるだろう。

武田氏滅亡直後の六月に、いわゆる本能寺《ほんのうじ》の変が起こっているので、この期間はまた

「天下人《てんかびと》」として覇権をめざした織田信長《おだのぶなが》の時代と重なっている。そのため、この時期を取りあげたこれまでの概説書の多くは、もっぱら信長を中心とした叙述となっていて、家康の事績がそれとして取りあげられることはほとんどなかった。

しかしながら、信長にとっても、永禄十年八月に美濃の斎藤《さいとう》氏を滅ぼし、翌年九月に足利義昭《あしかがよしあき》の上洛に供奉《ぐぶ》して以降、畿内近国を中心に、当初は諸勢力との抗争に明け暮れることとなった。それらを克服してゆく過程で、姉川《あねがわ》の合戦に代表されるように、家康が参戦したことの意義は大きい。本書では、そのような家康の役割を明確に位置づけることとしたいが、その際、近年の信長や義昭に関する研究の進展を、しっかりと踏まえることが必要である。とりわけ、義昭については拙著『定本徳川家康』(吉川弘文館、二〇一〇年、以下拙著とする)ではほとんど触れることがなかったので、その反省も込めて、本書ではとくに家康とのかかわりに注意しながら取りあげることとする。

他方、本書の主題である武田氏についても、拙著を刊行してからいまだ一〇年にならないにもかかわらず、信玄期の東美濃《ひがしみの》や奥三河《おくみかわ》問題、勝頼期の長篠《ながしの》の合戦や高天神城をめぐる問題などで、それぞれ研究が進んでいる。とりわけ勝頼期については、新たな概説書が相次いで刊行されている。そのような武田氏に関する諸成果に学びながら、それらを家康の立場からみてゆこうとするのが本書の課題である。なお、拙著ではごくわずかに言及したにとどまったいわゆる松平信康《まつだいらのぶやす》事件についても一節を設け、近年の研究を踏まえて批判的に取りあげることとしたい。

拙著ですでに述べているように、本書でも、史実の認定にあたっては発給文書《はっきゅうもんじょ》などの一次史料を重視し、また概説書であるとはいえ、研究史をしっかりと踏まえるように心がけたい。本書では、この研究史を重視する立場から、肯定的であれ否定的であれ、すべて誰の説であるか明記することとする。ともすれば研究史に学ばず、否定されたはずの通説（旧説）に安易に依拠した叙述が少なからずみられるので、それらについては明確に糺すようにしたい。最新の研究成果についても、できるだけ批判的に検討することで、可能な限り正確な史実に基づいて叙述を進めるよう心がけるつもりである。

本書を通じて、家康が信玄・勝頼の二代にわたって、どのような試練に直面したのか、そしてそれらをどのように克服していったのかを、読み取っていただければ幸いである。

なお、史料の引用にあたっては、原文を読み下し文に改めるとともに、一部文字遣いを変えるなど、よりわかりやすくなるようにした。また、引用史料の略記方法については、巻末の参考文献一覧に示している。

永禄年間の家康と信玄

家康と信玄の状況

桶狭間の戦い

天文二十一年（一五五二）から同二十三年にかけて、駿河の今川義元《いまがわよしもと》、甲斐の武田信玄《たけだしんげん》、相模の北条氏康《ほうじょううじやす》との間でいわゆる駿甲相《すんこうそう》三国同盟が結ばれると、この三者間ではしばらくの間平安な時期が訪れた。それぞれ後顧の憂いがなくなったことで、今川氏は三河へ、武田氏は信濃へ、北条氏は武蔵から北関東方面へと勢力を拡大し、それぞれ支配の強化を図っていった。

このような東海・関東方面の政治状況が大きく変動することになったのは、いうまでもなく、永禄三年（一五六〇）五月十九日の桶狭間《おけはざま》の戦いで、義元が尾張の織田信長《おだのぶなが》に討取られたことによる。三大名間の力の均衡が崩れ、よく知られているように、これから一〇年も経たずに今川氏は滅亡したのである。

信長にとって幸いだったのは、桶狭間の戦いの前年までに、ともかくもほぼ尾張の平定を成し遂げていたことである。信長は父弾正忠《だんじょうのちゅう》信秀《のぶひで》の死去によって天文二十一年（一五五二）に家督を継いだものの、その地位ははなはだ不安定で、織田弾正忠家一族内外との抗争が続いた。天文二十三年（一五五四）四月に、信長の叔父にあたる信光《のぶみつ》は調略によって清須《きよす》守護代織田彦五郎を殺害し、清須城（清須市）を乗っ取った。事件後には清須城

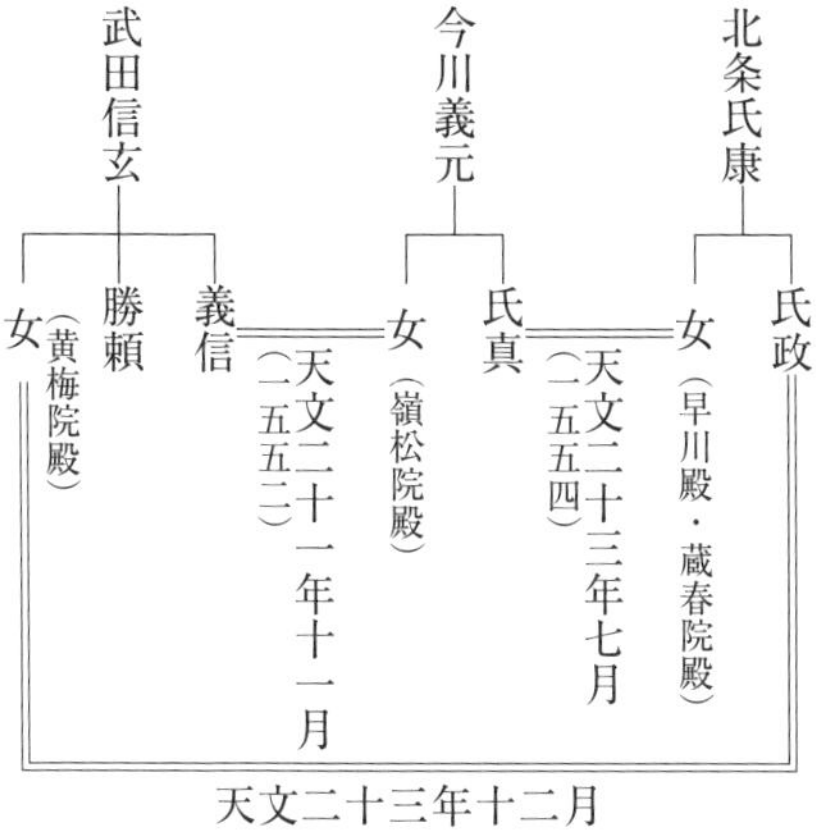

図1　三国同盟略系図

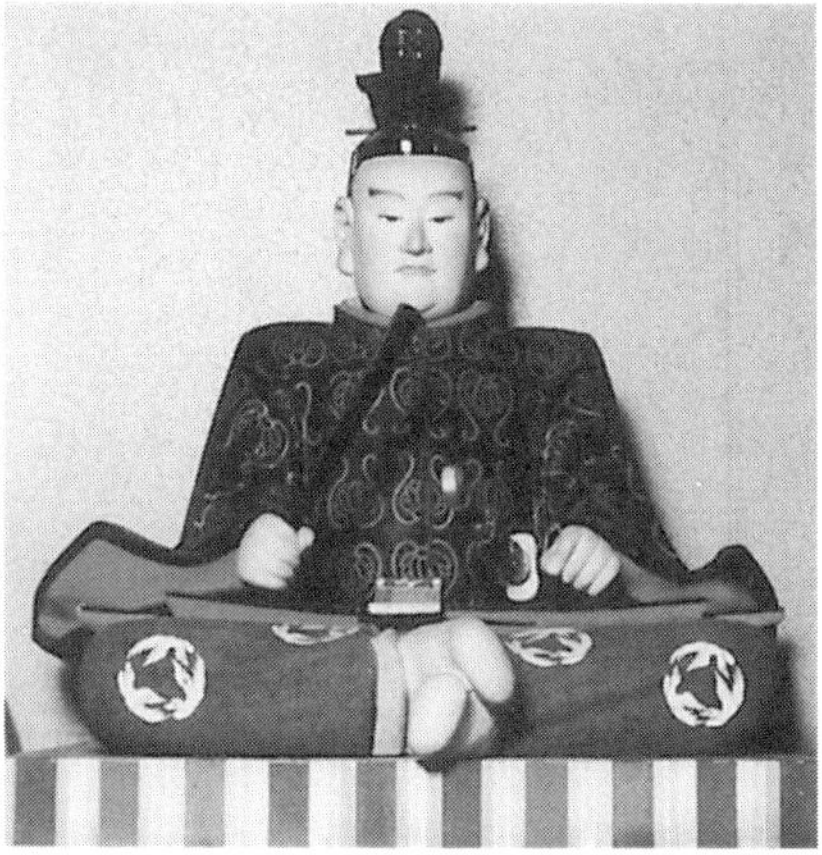

図2　今川義元木像（静岡市臨済寺蔵）

に信長、那古野城《なごや》（名古屋市中区）に信光が入り、それぞれ居城とした。なお真相は不明ながら、同年十一月には信光は死去している（村岡二〇一二）。

ついで、永禄元年（一五五八）十一月には、同腹の弟ながら反目《はんもく》しあってきた信勝《のぶかつ》を、柴田勝家《しばたかついえ》が信勝のもとから信長方に寝返ったのを好機として殺害した。さらに、同年七月には岩倉《いわくら》守護代方と浮野《うきの》（一宮市）で合戦して勝利し、翌二年二月に上洛して、帰国後に岩倉城を攻め落とした（同）。こうして、信長は弟信勝を討つことで弾正忠家一族内の確執を取り除き、両守護代家を滅ぼすことによって、ほぼ尾張一国の支配を確立することになったのである。

他方、本書の主役である徳川家康《とくがわいえやす》は、この時期にはどのような状況に置かれていたのであろうか。今川氏の人質になっていたことはよく知られているが、人質といっても必ずしも虐げられていたわけではなく、松平《まつだいら》氏の当主として、その資質・器量を評価されるようになっていた。

天文二十四年（一五五五、十月に弘治と改元）三月に元服したときには、義元が加冠し、今川氏御一家衆の関口氏純《せきぐちうじずみ》が理髪した。そして、義元から偏諱《へんき》を与えられ「次郎三郎元《もと》信《のぶ》」と名乗り、今川氏配下の武将となった。ついで、翌弘治二年正月に氏純の娘（築山殿《つきやまどの》という）と婚姻し、今川一門に準ずる武将となった。拙著ではこれを弘治三年のこととしたが、『松平記《まつだいらき》』によって二年とあらためる（柴二〇一七ａ）。

ただし、『松平記』が関口刑部少輔《ぎょうぶしょう》（氏純）を義元の妹聟としている点については一考を要する。浅倉直美氏によれば、義元の妹と婚姻したのは瀬名氏貞《せなうじさだ》の子息貞綱《さだつな》であり、築山殿の父はその弟で、関口氏兼《うじかね》の娘聟となった氏純であったといわれている（浅倉二〇一八）。そうなると、これまで築山殿は義元の姪といわれてきたが、義元との直接の関係はなかったことになる。とはいえ、元信が一門に準ずる立場になったことには、変わりがなかった。なお、元信は永禄元年七月までに、祖父清康《きよやす》の勇名をしたって、「元康《もとやす》」と改名した。

さて、桶狭間の戦いの経過そのものについては最新の成果に譲ってここでは割愛するが（平野二〇一六ａ）、戦いにいたる義元出馬の目的については、一言しておこう。現在では上洛戦説はほぼ否定されているが、他方で非上洛戦説は多岐に分かれている。拙著で述べたことを修正してあげると、大きくは三説に分けられる。

第一は、三尾国境地帯安定化説である。なお不安定な三河支配を安定化するために、三尾国境付近で行った大規模な示威的軍事行動であった（久保田二〇〇五、初出一九八一）、鳴海《なるみ》・大高《おおだか》（名古屋市緑区）両城への補給と織田方の封鎖解除が目的だった（藤本一九九三）、三尾国境地帯の平定を意図したものだった（柴二〇一四、五六頁註（17））、など。

第二は、尾張制圧説である。鳴海・大高両城を足場にして、那古野あたりまでを今川領国に組み込もうとしたもの（小和田二〇〇四）、かつての那古野今川氏の支配領域を回復して、尾張にまで領国を拡大しようとしたもの（有光二〇〇八）、などである。拙著でも、信秀以来の長年にわたる織田氏との抗争に決着をつけ、尾張の制圧をめざしたものではないかとし、この立場をとった。

第三は、東海地方制圧説である。三月二十日付けの作所三神主宛関口氏純書状（戦今一五〇四号）により、三河は手始めに落としたとし、「相残り候国々」の攻略も示唆しており、尾張の制圧はもとより、「国々」ということで伊勢《いせ》・志摩《しま》の制圧をも意図していたとするもの（長谷川一九九八）。

このうち、第三の長谷川説については、史料解釈で「相残り候国々」とは具体的には遠江を指すとする批判がなされたので（柴同）、成り立たなくなった。最近では右の氏純書状で「近日義元尾州境目に向かい進発候」といわれていることもあり、第一説を採るものが多い（柴二〇一七a、大石二〇一八）。しかし筆者は、二万五〇〇〇ともいわれる大軍を率いたこの時の義元の出馬は、当面の目的は三尾境目地帯の安定化にあったとしても、戦いの推移如何によっては、さらに清須城の信長との決戦まで視野に入れていたのではないかと考えている。

桶狭間の戦いで義元が討死したことは、元康にとっては今川氏から自立する大きな契機になった。妻子を駿府に残していたにもかかわらず、元康は駿府には戻らず、岡崎《おかざき》城に入って松平家臣の再結集を図りながら、自立化の道を歩み始めることになった。

元康の東三河侵攻

当初は織田方との小競り合いが続いたが、他方で西三河の平定を進め、やがて永禄四年（一五六一）二月か三月頃に織田信長と領土協定を結ぶと、四月から当時今川領であった東三河への侵攻を開始した。表1にみられるように、十一日の宝飯《ほい》郡牛久保《うしくぼ》（豊川市）での合戦から始まり、五月には八名《やな》郡宇利《うり》（新城市）・設楽《したら》郡富永口（豊田市）、七月・八月には八名郡嵩山《すせ》（豊橋市）、十月には設楽郡島田（新城市）などで激戦が展開された。翌永禄五年にも同様の戦いが、さらに各地で展開されたのである（本多二〇〇六、第2表には永禄五年分も記載）。

今川氏真《うじざね》の立場からすれば、まさに「岡崎逆心」「松平蔵人《くらんど》逆心」と非難してやまず、客観的にも東三河では、「三州錯乱《さくらん》」「参州忩劇《そうげき》」といわざるを得ないような混乱状態に陥っていた。このような関東への通路もままならないような事態を打開すべく、将軍足利義輝《よしてる》は氏真と元康に対して、永禄五年正月二十日付けで和睦をうながす御内書《ごないしょ》を発給した。現在残されている関係文書は、つぎの六点である。

表1　今川氏真発給文書にみる三河の合戦・感状類

年 月 日		宛 先	合 戦 等 内 容 文 言	文書番号
1	永禄4. 8.26	鱸新三左衛門尉	去年九月十日向梅坪相動之刻，於槍下弓仕敵数多手負仕出	152号
2	3.11.15	原田三郎右衛門	今月朔日，簗瀬九郎左衛門令八桒江其の行，城廻小屋五六十放火	48号
3	永禄4. 4.14	真木清十郎・同小太夫	去十一日於参州牛久保及一戦，父兵庫之助討死之由，不便之至	104号
4	4. 4.16	稲垣平右衛門	今度牧野平左衛門入道父子，去十一日之夜令逆心，敵方江相退之上	106号
5	5. 8. 7	稲垣平右衛門	去年四月十一日牛窪岡崎衆相動刻，味方中無人数之処，自最前無比類	235号
6	4. 4.16	真木清十郎	去十一日牛久保敵相動之時，走廻之由忠節候	107号
7	(4). 4.16	鵜殿十郎三郎	同名藤太郎令一味無二馳走之由，悦入候	108号
8	10. 8. 5	鈴木三郎太夫・外1名	去酉年（永禄4）四月十二日**岡崎逆心**之刻，自彼地人数宇利・吉田江	566号
9	4. 6.11	稲垣平右衛門	今度**松平蔵人令敵対**之上，於牛久保令馳走云々	122号
10	4. 10.8	朝比奈助十郎	去五月四日夜宇利調儀之刻，城中江最前乗入鑓合致殿罷退云々	161号
11	4. 9.28	御宿左衛門尉	去五月廿八日富永口働之時，於広瀬川中及一戦粉骨	159号
12	5. 3.15	千賀与五兵衛	去年五月廿八日於富永口最前走廻，……同九月四日於大塚口合鑓	199号
13	5. 8. 7	稲垣平右衛門尉	去年五月廿八日富永口へ各相動引退候刻，敵慕之処一人馳返	236号
14	4. 6.11	奥平監物丞	今度**松平蔵人逆心**之処，……道紋・定能無二忠節甚以喜悦也	123号
15	4. 6.11	奥平一雲軒	今度同名監物父子并親類以下属味方之刻，内々使致辛労之由	125号
16	(4). 6.17	奥平道紋入道	今度松平蔵人逆心之刻，以入道父子覚悟無別条之段，喜悦候	127号
17	(4). 6.17	奥平監物丞	今度松平蔵人逆心之刻，無別条属味方之段，喜悦候	128号
18	(4). 6.17	奥平監物丞	就今度松平蔵人逆心，不準自余無二属味方候間，尤神妙也	129号
19	4 .6.20	匂坂六右衛門尉	就今度牛久保在城所宛行也，……今度岡崎逆心之刻，不移時日彼城	130号
20	4. 6.20	山本清介	今度**三州過半錯乱**，加茂郡給人等各致別心之処，	131号
21	4. 7.12	田嶋新左衛門	去六日於嵩山市場口長沢，最前入鑓走廻之由神妙也	139号
22	4. 7.20	稲垣平右衛門	今度牧野右馬允与依有申旨，始稲垣平右衛門弟林四郎四五人敵地へ	141号

23	4. 7.20	岩瀬雅楽介	就今度**三州錯乱**，為各雖令逆心，不准自余，於牛窪抽奉公	142号
24	4. 8.12	鵜殿藤太郎	去九日岡崎人数相動之処，及一戦即切崩，随分之者八人被討捕之由	149号
25	4. 9.21	野々山四郎右衛門尉	殊今度岡崎逆心之刻，出人質捨在所無二為忠節之条	158号
26	4.10. 8	伊久美六郎右衛門尉	去九月，……同十日嵩山於宿城最前塀ニ付合鑓，無比類相働之旨	162号
27	(4).10.16	鈴木三郎大夫	長篠之儀自其地別而馳走喜悦候，此時弥無油断堅固之様走廻事専要候	163号
28	4.11. 7	羽田神主九郎左衛門尉	先年太原和尚被出置証文，就今度**参州忩劇**，令失脚之由申之条	167号
29	4.12. 5	奥平監物丞	去十月，於島田取出城，自信粉骨并同名被官人等，無比類御動	175号
30	4.12. 9	岩瀬小四郎	今度菅沼新八郎令逆心之処，不致同意，従野田牛久保江相退	176号

注　出典は『愛知県史』資料編11により，文書番号のみを記した.

図3　今 川 氏 真

ａ正月廿日付け今川上総介（氏真）宛足利義輝御内書（戦今一六三六号）
ｂ正月廿日付け北条左京大夫（氏康）宛足利義輝御内書（戦今一六三七号）
ｃ正月廿日付け武田大膳大夫入道（信玄）宛足利義輝御内書（戦今一六三八号）
ｄ正月廿日付け大膳大夫入道（信玄）宛上野信孝副状（戦今一六三九号）
ｅ五月朔日付け酒井左衛門尉（忠次）宛北条氏康書状（戦今一六九二号）
ｆ五月朔日付け水野下野守（信元）宛北条氏康書状（戦今一六九三号）

文書ｆで「双方同然に堅く仰せ出され候条」とあるように、もう一方の紛争の当事者である松平元康宛の御内書も当然発給されたと思われるが、残念ながらこれまでのところ発見されていない。

ところで、これら一連の文書は、長らく永禄四年に年次比定されてきた。『戦国遺文』では、後北条氏編・武田氏編・今川氏編のすべてで永禄四年としており、『静岡県史』資料編7も同様である。『愛知県史』資料編11では、文書ａ～ｄは永禄五年としながらも、文書ｅ・ｆは永禄四年とし、文書ｆには永禄五年の可能性もあると註記している。しかしながら、これら一連の文書は、すべて永禄五年と年次比定すべきである。永禄四年正月段階では、いまだ元康の東三河侵攻は行われておらず、将軍義輝が調停に乗り出さなければならないような深刻な事態は生じていなかった。それゆえ、文書ａ～ｄは永禄五年正月のものであり、この義輝の要請に応えようとしたのが文書e・fの氏康書状であるから、これも永禄五年に年次比定されることはいうまでもない。

研究史を振り返ると、この年次比定問題は、元康が今川氏に対して戦闘を開始したのは永禄三年からか四年からかという問題にかかわってくる。すなわち、平野明夫氏は、桶狭間の戦い後の徳川氏は、即座に織田氏との戦いを止め、今川氏との戦いを開始したのであり、織田氏と徳川氏は、桶狭間の戦い直後に領土協定を結んだと考えられるといわれた。その最大の史料的根拠は文書fであり、この文書は永禄四年に比定されるとし、その中で「去年来候筋目、駿・三和談念願」といわれているので、今川氏と徳川氏との戦闘は、永禄三年には始められていたといわれた。もう一つの根拠は、桶狭間の合戦後、徳川氏が織田氏と各地で戦ったとする通説は誤りで、挙母《ころも》・広瀬・伊保《いぼ》・梅坪《うめつぼ》（豊田市）を含む高橋郡は、永禄三年当時は今川領であり、これらの戦いは徳川氏対今川氏であったといわれたのである（平野二〇〇六、初出一九九五）。

この平野説については、早くに柴裕之氏の批判があり（柴二〇一四、初出二〇〇五）、そこでは文書eの氏康花押の形態や三条西実澄《さんじょうにしさねずみ》上洛の動向などから、これら一連の史料は永禄五年のものとし、また、挙母・広瀬・伊保・梅坪で戦った松平氏の行動は、むしろ今川方の一員として出陣した戦闘ともとらえることができるといわれた。さらに、永禄四年正月に、松平宗家との関係が深い庶家の竹谷《たけのや》松平氏が、氏真に年頭の祝儀を行っていることが確認できるので（戦今一六三五号）、この時点でも、まだ今川氏の従属下にあることを指摘された。

桶狭間の戦い後の各地の戦闘については宮本義己氏の批判もあり、平野氏が今川方との戦いであったとされた事例について、むしろ織田方との戦闘であったといわれた（宮本二〇〇二）。筆者もまた、先に述べたように、元康と今川氏の実際の戦闘状況を詳細に検討することにより、一連の文書が永禄五年のものであるとし、そうなると文書ｆの「去年来候筋目」の去年は永禄四年を指すことになり、一次史料による永禄四年四月の戦闘開始とも平仄《ひょうそく》が合うことから、永禄三年戦闘開始説は成り立たなくなったとした。また、桶狭間の戦い後の各地の戦闘についても、これを徳川氏対今川氏であったとする平野説は、再検討が必要であると指摘した（本多二〇〇六）。平野氏はこれらの批判があるにもかかわらず、最近になっても従来の主張をくり返されていた（平野二〇一四）。

ところが、この問題は意外な形で決着がつくことになった。すなわち、文書ｆについてこれまで知られていたものよりもより良質な写が提示され、本文書は永禄五年のものとするとともに、問題の「去年来候筋目」の部分は「云年来之筋目」と記されており、この方が文意が通るとの指摘がなされた（丸島二〇一五）。これによって文書ｆから永禄三年戦闘開始を主張することはできなくなり、平野説は最大の史料的根拠を失うことになったのである。平野氏もこのことを認められたが（平野二〇一六c）、それにもかかわらず、なお家康は桶狭間の戦いからそれほど経過していない時期に信長と同盟を結び、対今川戦を開始したといわれている（平野二〇一六d）。他方で、家康の離反時期は通説どおり、永禄四年四月とする説も出ている（遠藤二〇一六）。

さらに、最新の研究動向について一言すれば、桶狭間の戦い後に岡崎城に入った元康の行動は、独断的な反今川的行動ではなかったとする見解が出された。七月の石ヶ瀬《いしせ》（大府市）では織田方の水野氏と交戦しており、岡崎城への復帰自体は今川氏から離叛したことを意味せず、今川氏にとっても、元康の岡崎在城は西三河の戦線を維持する効果を期待できたとする説である（小川二〇一七）。さらに踏み込んで、元康の岡崎城帰還について、氏真はこれを問題視した形跡がなく、氏真の命で岡崎城に帰還し、桶狭間の敗戦で混乱する三河国境を固め、領国支配もはじめたとする説も出されている（丸島二〇一七b・一八）。

筆者は、元康の岡崎城帰還が駿府との交渉の時間的関係からいって、氏真の命によるものとまではいえないと思うが、その後の元康の今川方としての対応からみて、氏真が元康の岡崎在城を結果的に容認した可能性はあるだろうと考える。先に柴氏の指摘でみたように、竹谷松平氏が永禄四年正月になお氏真に年頭の祝儀を行っていることからすれば、少なくとも永禄三年までは、元康は氏真の期待に応えていたのではなかろうか。

こうして、永禄四年四月に松平氏と今川氏は戦端を開くことになったのであるが、この時期を前後する二つの問題に触れておきたい。一つは、永禄四年早々に、将軍足利義輝《よしてる》が尾張の信長、三河の元康、駿河の氏真らに、早道馬（飛脚用）を所望したようである。三月二十八日付けの誓願寺泰翁《せいがんじたいおう》（平野二〇一七）宛義輝御内書《ごないしょ》によれば（愛県一五九三号）、元康はただちに「嵐鹿毛」と名付けられた馬を贈ったようで、信長にも所望しているがいまだ到来しないともいっており、元康の素早い対応には、「別して神妙に候」と褒めている。氏真は六月（戦今一七一三号）、信長にいたっては十二月（愛県一六四七号）の献馬だったため、元康の将軍への直臣化《じきしん》、自立への意欲を感じさせる（本多二〇〇六）。

家康の三河平定

今一つは、前年から氏真は北条氏の方へ援軍を派遣していたことである。永禄三年八月末に越後の長尾景虎《ながおかげとら》が関東管領上杉憲政《かんとうかんれいうえすぎのりまさ》を奉じて関東に出馬し、九月には上野《こうずけ》（群馬県）に入って沼田《ぬまた》城（沼田市）などを攻略した（上越二一四号）。これに対して、北条氏康は九月末に武蔵川越《かわごえ》城（川越市）へ出馬し（戦北六四四号）、越後勢の進攻に備えた。氏真は川越城へ援軍を送ったようで、北条氏康・氏政らは四月八日付けで、旧冬以来川越城に籠城している今川氏家臣畑彦十郎《はたひこじゅうろう》と小倉内蔵助《おぐらくらのすけ》の戦功を賞している（戦北六九六・九七号）。

それを氏政から知らされた氏真もまた、四月二十日付けで畑宛、二十五日付けで小倉宛に感状を発給した（戦今一六九〇・九一号）。

他方、長尾景虎はさらに関東へ深く踏み込み、二月二十二日付けで鶴岡八幡宮《つるがおかはちまんぐう》寺宛に願文を捧げた（上越二五八号）。そして、鎌倉において上杉憲政の名跡を継ぎ、憲政の偏諱《へんき》をうけて上杉政虎《まさとら》と改めた（上越二七一号）。年末には将軍義輝の偏諱を賜り輝虎《てるとら》と名乗り（上越、概要）、さらに元亀元年（一五七〇）には謙信《けんしん》と改めた（上越九五三号）。本書では以下、「上杉謙信」で統一することとする。

図4　徳川家康（久能山東照宮博物館蔵）

永禄五年にも東三河各地で激戦が展開され、二月には氏真自身も出馬するが（戦今一八五五号）、戦局を好転させるまでには至らなかった。二月六日付けの伴《ばん》与七郎《よしちろう》宛松平元康感状写によれば（戦今一七九一号）、西郡上之郷《にしごおりかみのごう》城（蒲郡市）の鵜殿《うどの》藤太郎長照《ながてる》が討取られている。同時に、長照の子息氏長《うじなが》・氏次《うじつぐ》の二人が生け捕りとなった。長照の生母は今川義元の妹であり（この点については、最近大石二〇一八などで疑義が呈されている）、氏真とは従兄弟の関係であった。このため、駿府に人質となっていた正室築山殿・嫡男竹千代《たけちよ》（のち信康《のぶやす》）・長女亀姫《かめひめ》との人質交換が成立し（『朝野旧聞裒藁《ちょうやきゅうぶんほうこう》』第二巻）、元康にとっては妻子に危害が加えられるという事態はなくなり、今川氏からの離反がいっそう進んだ。

翌永禄六年（一五六三）は、元康にとっては三河の新興大名としてほぼ自立を果たしたという意味で、大きな画期になった年であるとともに、新たな試練に直面した年でもあった。関係する諸事実をあげると、つぎのようになるだろう。

第一に、東三河の情勢は次第に今川方の劣勢が明らかになっていき、氏真の感状などにみられる合戦は、五月の宝飯郡御油口《ごゆ》（豊川市）での戦いが最後である（戦今一九二三・二七号）。また、氏真発給の禁制《きんぜい》は、もはや永禄六年には三河ではみられなくなった。

第二に、この年三月に、信長の次女徳姫《とくひめ》と元康の嫡男竹千代との婚約が成立したことである（『朝野旧聞裒藁』第二巻）。これによって信長との同盟は強化され、攻守同盟へと発展することになった。

第三に、この年七月六日のことといわれているが、元康は義元の偏諱「元」の一字を棄てて、「家康」と改名したのである（『徳川幕府家譜』）。これによって、名実ともに今川氏と決別したのであった。

第四は試練ということであるが、三河一国の統一も間近になったかにみられたにもかかわらず、この年の秋から、いわゆる三河一向一揆《いっこういっき》が勃発したのである。ただし、この問題については、基本的な諸点はすでに拙著で述べていることでもあり、最新の研究状況については別の成果に譲り（村岡二〇一〇、安藤二〇一〇・一六、平野二〇一七b）、ここでは割愛する。

三河一向一揆を克服することで西三河の支配を固めると、家康はあらためて東三河への侵攻を開始した。その過程で、早くも二月には奥三河の奥平定能《おくだいらさだよし》が今川氏から離反し、二十七日付けで家康は定能に所々の知行《ちぎょう》を安堵《あんど》している（愛県三五二号）。五月十三日には二連木《にれんぎ》（豊橋市）城主戸田重貞《とだしげさだ》に本知・新知を安堵し（愛県三六四号）、同月十四日には逆心していた岩瀬《いわせ》河内守の帰参を許し、長沢《ながさわ》城（豊川市）の在番を命じている（愛県三六五号）。六月になると、酒井忠次《さかいただつぐ》に吉田《よしだ》城（豊橋市）を中心とする東三河の統括を任せ（愛県三七七号）、本多広孝《ほんだひろたか》には田原《たはら》郷などの所領を宛行っている（愛県三八〇号）。

その当時、吉田城には大原資良《おおはらすけよし》（愛県四〇八号）、田原城には朝比奈元智《あさひなもととも》（愛県四一〇号）がおり、永禄八年二月頃まではなお今川方として守備していた。しかし三月に吉田・田原両城を攻略すると、家康は吉田城に酒井忠次、田原城には本多広孝を置き、東三河をほぼ平定した。最終的には、翌永禄九年五月に最後まで今川方として抵抗していた牛久保《うしくぼ》城（豊川市）の牧野成定《まきのなりさだ》が帰順したことにより（愛県四九四号）、織田領であった高橋郡域と水野領であった碧海《へきかい》郡西部を除き、三河一国の統一がなったのである。

永禄九年十二月二十九日のことといわれているが、家康は従五位下《じゅごいのげ》・三河守に叙任《じょにん》されるとともに（愛県五三五・六号）、勅許《ちょっきょ》による徳川改姓を行った（愛県五四一・四二号）。この叙任や改姓は、誓願寺の泰翁《たいおう》を仲立ちに近衛前久《このえさきひさ》を通じて実現したものである（愛県五二九号）。その間の経緯については拙著とその後の研究に譲るが（笠谷二〇一六、平野二〇一七a）、いずれにしても、三河の統一とこの叙位任官とによって、家康は名実ともに三河の新興大名としての地位を確立することになった。

信玄と遠州忩劇

武田信玄は桶狭間の戦いで義元が討たれたことを知るが、当初は今川氏との同盟を継続する意向を持っていたようだ。六月二十二日付けで当時駿府にいた今川氏担当取次穴山信友《とりつぎあなやまのぶとも》に、氏真に対して引き続きなおざりにしないことを申し述べ、氏真からも同盟への同意が得られたならば、早々に帰国するようにと命じている（戦今一五四九号）。

関連して最近注目されているのは、六月十三日付けの岡部元信《おかべもとのぶ》宛信玄書状写である（戦今一五四七号）。すなわち、そこでは「氏真に対し別して入魂《じっこん》の心底《しんてい》に候。佞人《ねいじん》の讒言《ざんげん》を信じられざる様、馳走《ちそう》本望たるべく候」といっている。つまり、今川氏の家臣の中には信玄に不信感を抱いている者がいたようで、そのような者の氏真への讒言を信じないよう、元信の尽力を求めているのである。この意味は、今川家中に信玄が懸念するような疑惑が生じたのは、武田氏・北条氏が桶狭間合戦に援軍を送っていた可能性があるが、そこでの武田氏の働きに不満があったからではないか、また、元信に頼んだのは、合戦当時鳴海城にいて現場をよく知っていたからではないか、といわれている（丸島二〇一五）。

援軍を送っていたかどうかの当否はさておき、桶狭間の戦い後も信玄が同盟の継続を望んでいたことはたしかであろう。丸島和洋氏は、永禄四年四月の「岡崎逆心」以後も、信玄は氏真への協力を惜しまなかったが、この状況に変化が訪れるようになったのは、永禄六年（一五六三）末からの「遠州忩劇《そうげき》」とよばれる遠江国衆《くにしゅう》の反乱であったといわれている（丸島、同）。すなわち、閏十二月六日付けの佐野主税助《さのちからのすけ》宛信玄判物写によれば（戦今一九五一号）、当時上野《こうずけ》に出陣中であった信玄は早くも遠江の混乱を知り、もし「駿州」（今川方）が確実に敗れると聞き届けたならば、これは好機なので早々に帰国し、「彼の国の本意相急ぐべく候」、つまり駿河の制圧を図ることも考えるので、しっかりと情報を集めて注進するようにと命じているからである。

ところで、「遠州忩劇」とはどのような出来事だったのであろうか。これは永禄六年十二月の「飯田口の合戦」から始まったもので（戦今一九四七・四八号）、その首謀者は引間《ひくま》城（浜松市中区）を本拠に、頭陀寺《ずだじ》城（浜松市南区）なども擁する飯尾連龍《いのおつらたつ》であった（久保田二〇〇五、初出二〇〇〇）。飯尾氏については最近専論が出ているが、三河西条（西尾市）吉良《きら》氏の被官に出自し、今川氏の遠江領国化に伴い、大永年間（一五二一～二八年）には引間に定着し、浜松庄《はままつ》を知行した。当初、引間飯尾氏は吉良氏の「浜松庄奉行」として今川氏に従属するというように、「両属」性を帯びていた。しかし天文十五年（一五四六）以降、今川氏の三河侵攻の本格化によって今川氏との一体化を強め、対外的には今川氏の宿老格ともみなされるようになった。今川領国が拡大を続ける限り、飯尾氏と今川氏との間の矛盾は表面化しなかった。桶狭間での敗戦による今川勢の後退と松平氏の自立により、引間周辺は再び領国の「境目」と化した、といわれている（糟谷二〇一六）。

今川氏は頽勢を挽回すべく、永禄六年に「三州急用」を名分とし、戦費捻出のために棟《むね》別《べち》等の臨時課役を領国全域（「惣国《そうごく》」）に課した（糟谷二〇一〇）。この賦課は浜松庄にも及んだため、飯尾氏との軋轢が生ずることになり、「遠州忩劇」の一因になった。問題は、このような今川氏への反逆が、飯尾氏だけにとどまらなかったことである。閏十二月には北遠犬居《いぬい》城（浜松市天竜区）の天野景泰《あまのかげやす》・元泰《もとやす》父子も逆心に及んだため、その所領は氏真によって小四郎藤秀《ふじひで》に与えられた（戦今一九五五号）。さらに、奥山郷《おくやま》（浜松市天竜区）の奥山大膳亮《だいぜんのすけ》、二俣《ふたまた》城（同）の松井宗恒《まついむねつね》、見付《みつけ》城（磐田市）の今川氏一門堀越氏延《ほりこしうじのぶ》らも、今川氏から離反したといわれている（鈴木二〇一二・一七、大石二〇一八）。

このように、戦国期に一郡ないし数郡規模の領域を支配して今川氏に反逆したような領主たちは、「地域的領主」とか「戦国領主」といわれたが、最近ではもっぱら「国《くに》衆《しゅう》」とよばれるようになっている（黒田一九九七）。戦国大名と同じように一門や家臣を持ち、自らが領有する地域においては自治権を確立しているが、自らの力だけでは領国の平安を保てない場合も多く、政治的・軍事的に戦国大名に従属していた。遠江・東三河の国衆の分布をみると、図5のごとくであった。

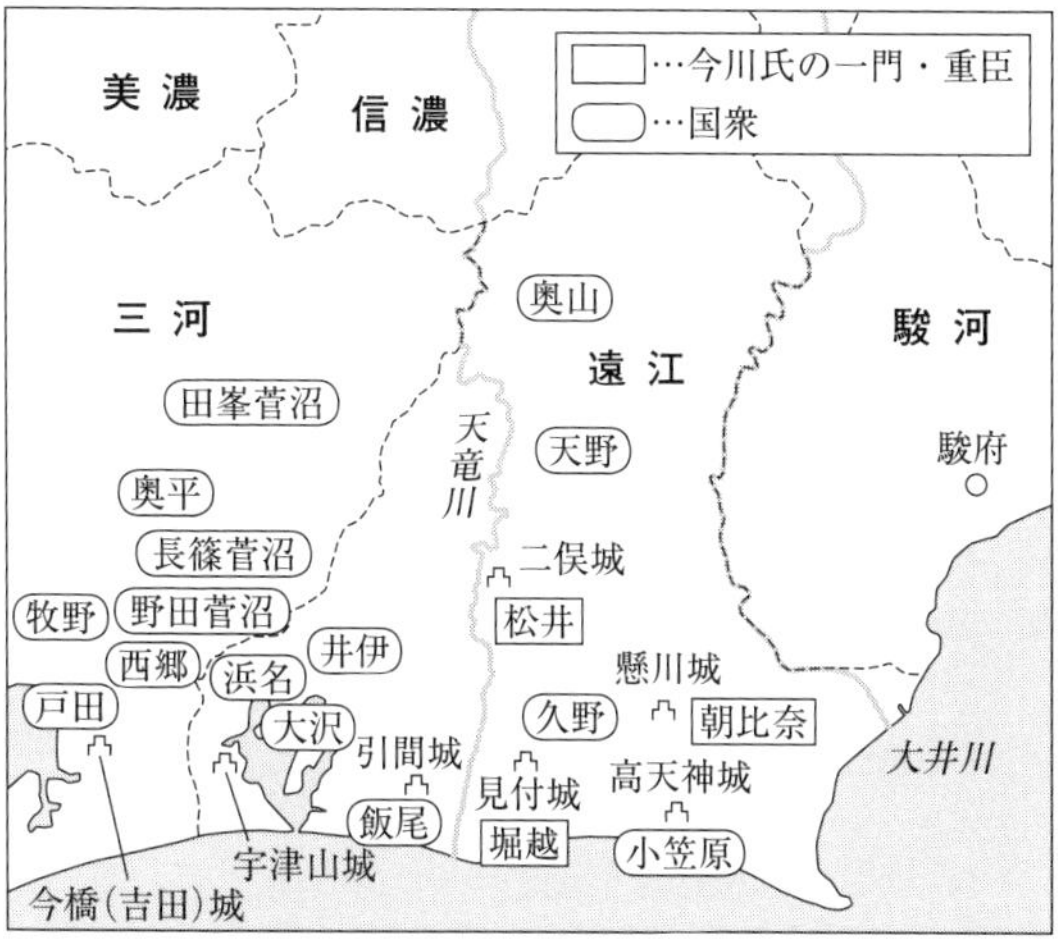

図5　今川義元時代の遠江・東三河の国衆（鈴木2017）

この「遠州忩劇」は、翌永禄七年に「飯《いの》尾《お》豊前守（連龍《つらたつ》）赦免」（戦今二〇一五）によっていったんは収束するが、結局は永禄八年に「飯尾豊前成敗」とあるように、連龍は殺害されてしまった（戦今二〇八七）。十二月二十日のことといわれているが、氏真は連龍が家康に内応したのを憎み、駿府に呼び出して殺害したのである（静県7三三〇九号）。

この連龍の家康への内応は、たしかな史料によって確認できる。永禄九年閏八月六日付け東漸寺日亮宛氏真判物に、「去る子年（永禄七）四月八日、飯尾と松平蔵人《くらんど》と対面せしむる砌《みぎり》、鷲津本興寺《わしづほんこうじ》へ蔵人軍勢乱入す」とある（戦今二一〇一）。実は「遠州忩劇」が起こった永禄六年十二月は、家康が三河一向一揆の勃発に直面していた時期であった。氏真にとっては東三河での劣勢を跳ね返し、反転・攻勢に向かう絶好の機会となったはずである。ところが連龍による「遠州忩劇」が起こって、それどころではない事態を招いてしまったのである。そこから、この事態は家康による連龍への調略が功を奏したものとする見方が出てくるのは不思議ではなく（久保田二〇〇五、初出一〇〇〇）、永禄七年四月八日に家康と連龍とが対面していたことからすれば、その可能性はたしかにあったというべきであろう。

信玄・信長と氏真

ところで、話変わって信玄と信長との交渉は、永禄元年（一五五八）には始まっていたとみられ、十一月二十三日付け秋山善右衛門《あきやま》尉（虎繁《とらしげ》）宛信長書状では、信長は陣中に遣わされた使者への礼を述べ、大鷹を所望して

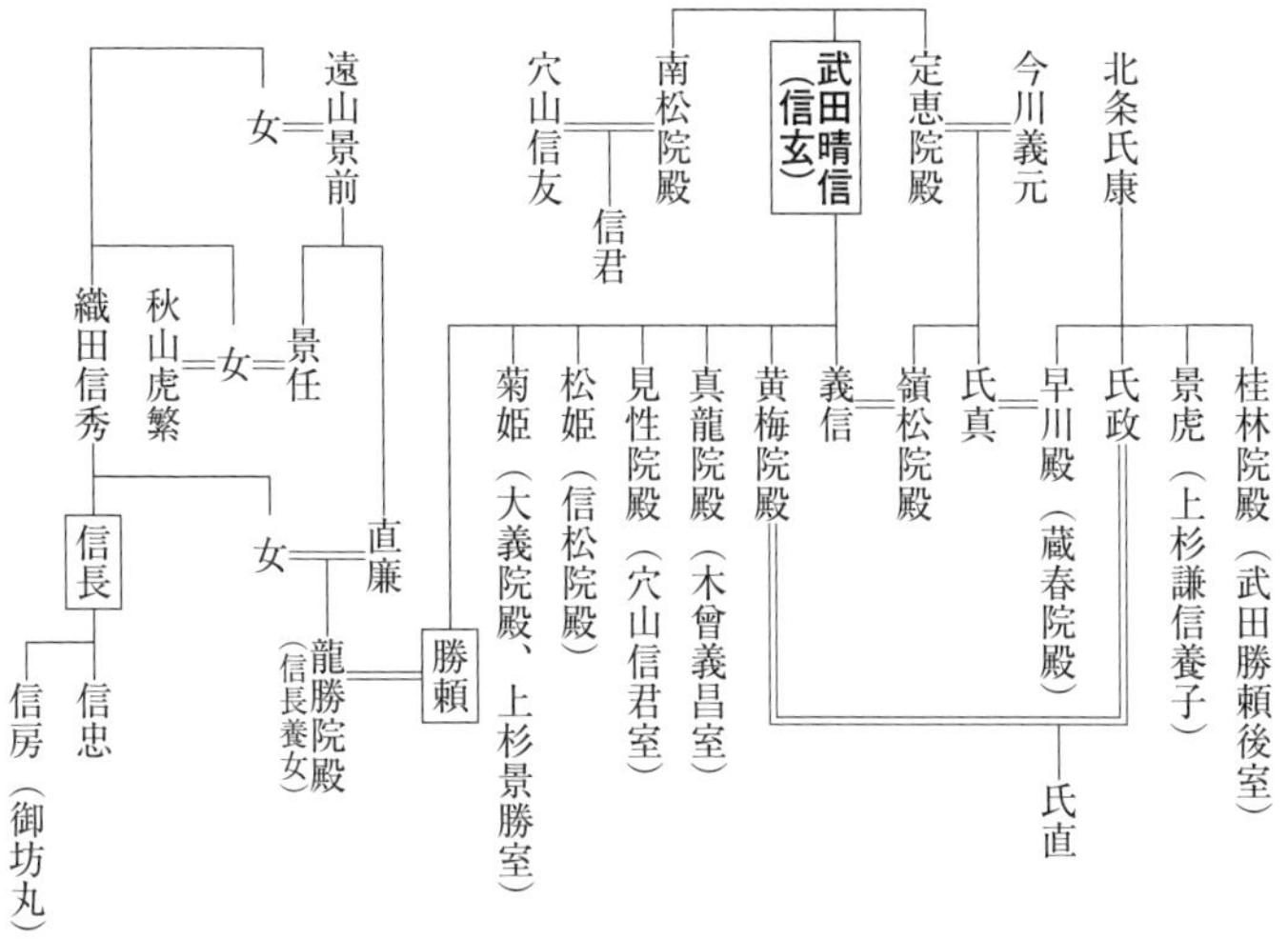

図6　関係人物系図（鈴木2014を補訂，兄弟姉妹の順は不同）

いる（戦武四〇二〇）。両者の影響が東美濃に及ぶようになると、不測の事態を避けるべく友好関係へと進んだのである。両者がそのような方向に進むようになったのは、この地域の国衆遠山《とおやま》一族の存在が大きかった。

すなわち、岩村《いわむら》城（恵那市）・苗木《なえぎ》城（中津川市）の両遠山氏は、武田氏が天文二十三年（一五五四）に南信濃を制圧すると、翌年には武田氏に服属することになった（丸島二〇一七a）。他方で、織田氏との関係も深く、図6にみられるように、岩村城の遠山景前《かげさき》・景任《かげとう》父子の室はいずれも織田信秀の妹、苗木城の遠山直廉《なおかど》（景任の弟）の室は信秀の娘というように、姻戚関係にあった。つまり、遠山氏は有力大名の境界の国衆によくみられるように、武田・織田両氏にいわば「両属」することによって自領の存続を図ろうとし、そのことがまた、武田・織田両氏の直接の衝突回避にもつながったのである。

このような信玄と信長との関係がさらに同盟関係に進んだのは、永禄八年（一五六五）のことといわれている。『甲陽軍鑑《こうようぐんかん》』によれば、九月に信長の方から話を持ちかけたようで、信長の姪にあたる遠山直廉の娘を養女とし、十一月に信玄の四男勝頼《かつより》に嫁がせたのである。ところが、信玄によるこの信長との同盟は、今川氏との同盟を重視する嫡男義信《よしのぶ》との確執を生じ、いわゆる「義信事件」へと発展した。義信の正室は今川義元の娘であり、今川氏との同盟を堅持しようとする義信は、信長との同盟に反対したとみられる。信玄・義信父子の間に、外交路線をめぐって明確な対立が生じたのである。

義信側近の長坂勝繁《ながさかかつしげ》や傅役《もりやく》の曾根《そね》周防《すおう》らは、重臣飯富《おぶ》虎昌《とらまさ》らとクーデターを計画し、これが虎昌の弟昌景《まさかげ》（のちの山県《やまがた》昌景）の密告により発覚し、十月十五日にまず虎昌が処刑され、長坂・曾根らも処刑された。さらに、義信衆八〇騎余りが成敗され、残りの者は追放されたという（丸島二〇一七a）。十月二十三日付け小幡源五郎宛信玄書状によれば（戦武九五九号）、虎昌が信玄・義信間を妨げようとした陰謀が露見したため虎昌を生害《しょうがい》したが、父子間には別条がないといっており、虎昌に全責任を押しつけているようにみえる。

しかし、実際には義信は東光寺《とうこうじ》（甲府市）に幽閉され、翌年の快川紹喜《かいせんじょうき》ら高僧たちの仲介も功を奏さず、永禄十年十月に三〇歳をもってその生涯を終えたのである。

この「義信事件」は、氏真に大きな衝撃を与えた。武田氏との同盟関係の先行きに不安を感じた氏真は、信玄と敵対関係にあった上杉謙信に密使を送り、駿越《すんえつ》交渉を開始した（長谷川一九九三）。その開始時期について、これまでは永禄十年冬には始まり、翌年四月段階で接触がはっきりしたといわれてきた（戦今二一七四・七五号）。ところが、十一月二十五日付けの朝比奈泰朝《やすとも》・三浦氏満《うじみつ》連署起請文写（戦今二一九七号）の年次が永禄十一年から十年に改められたことにより、そこに「重ねて要明寺もって仰せ越さるるの旨」とあることから、永禄十年の前半には始まっていたことが明らかになった（鴨川二〇〇七a）。

つまり、駿越交渉の開始は義信の死去以前からということになるが、義信死去後にはその正室で氏真の妹になる嶺松院殿《れいしょういんでん》の帰国が問題になった。氏真の要求に対し信玄はすぐには応じようとしなかったようで、北条氏康・氏政父子が仲立ちとなった。そして、信玄の誓詞提出要求に氏真がやむなく応じることで、やっと帰国が実現したのである（戦今二一七四号）。表面上はなお駿甲同盟は維持されていたものの、両者の関係悪化はもはや明白であり、永禄十一年四月には、今川方では「信玄の表裏、程あるまじく候」（戦今二一七五号）と覚悟せざるを得ないような事態となっていた。

足利義昭と信長

足利義昭研究と「天下」

さて、拙著刊行後の研究の進展といった場合、もっとも著しいものの一つは、足利義昭《あしかがよしあき》に関する研究だといってもよいだろう。義昭については、拙著ではほとんど触れることができなかった。そこで、まずはこの問題から述べることとしたい。

興福寺《こうふくじ》の一乗院《いちじょういん》門跡に入って「覚慶《かくけい》」と名乗っていた足利義昭は、永禄九年（一五六六）二月十七日に近江国矢島《やじま》（守山市）で還俗《げんぞく》して「義秋」と改め、さらに永禄十一年四月十五日に越前朝倉《あさくら》氏の下で元服して「義昭」と改めたが、本書では義昭で統一する。この義昭は、信長に擁立されて上洛し、室町幕府一五代将軍となるが、その義昭政権は信長の「傀儡《かいらい》」とみなされることが多かった（奥野一九六〇）。

ところが、近年、諸氏による義昭政権の実態に関する検討が進められ、「傀儡政権」といわれてきたことについては見直されるようになってきた（久野二〇一五）。とりわけ久野雅司氏は、義昭政権は所領安堵や相論裁許、財政基盤・守護補任権・軍事動員権などから幕府の機能を再興しており、また諸国に御内書を発給するなど、将軍権力も再興させていたといわれ、織田政権との関係では、相互に補完し合う「二重政権」ないし「連合政権」とみなされた。その最新の成果は、一昨年に刊行された著書である（久野二〇一七）。

同じく、山田康弘氏も義昭と信長とは、相互に補完し合う関係にあったといわれている（山田二〇一一）。上洛後の義昭は、それなりに独自の基盤をもち、独自に裁判なども遂行できたものの、軍事や洛中警察、上意の実効性といったその存立の重要部分において信長から補完を受けていた。一方信長にとっても、義昭は正当化根拠の調達や他大名との外交関係の緊密化、敵対大名との和平交渉などで、利用しうる存在であった。このような両者の補完関係こそが、この「二重政権」の基本的な構造であった。

ただ山田氏の場合、このような相互補完関係は前代にさかのぼり、室町幕府の将軍と大名たちとは、相互に補完し合う関係、すなわち「二重」構造にあり、その総体こそが幕府（広義の幕府）であったといわれている。このような将軍と大名たちとの相互補完の関係は、戦国時代においても基本的に維持され、義昭と信長とのいわゆる「二重政権」も、前代からの連続性という面にもっと注意すべきであるといわれるのである。

京都を中心として義昭政権の実態について検討された久野氏は、他方で、畿内は幕府の直接支配・権限のおよぶ地域であったとし、義昭政権は実質的に再興され、畿内における最大の政治権力であったと評価されている（久野二〇一五）。この考え方は、神田千里氏の「天下」概念の検討を踏まえたものでもある（神田二〇一三、初出二〇一〇）。すなわち、より簡潔なまとめによると、当時「天下」とは京都を含む五畿内のことと認識されており、また将軍に関連する言葉として使われる事例が目立つ。「天下の平和」とは全国統一のことではなく、五畿内が将軍に服属することが問題であった。それゆえ、信長の有名な「天《てん》下布武《かふぶ》」の朱印《しゅいん》も、武力による全国統一と解釈されてきたことは誤りで、五畿内における将軍秩序樹立のスローガンであったということになる（神田二〇一四）。

義昭の登場

さて、義昭が歴史の表舞台に登場するようになったのは、いうまでもなく永禄八年（一五六五）五月十九日に兄である一三代将軍足利義輝《よしてる》が、三好《みよし》長慶《ながよし》の後継者で甥の義継《よしつぐ》、松永久秀《まつながひさひで》の嫡男久通《ひさみち》、三好長逸《ながやす》らによって、二条御所《にじょうごしょ》で殺害されたからである。これまでは松永久秀も首謀者の一人とされてきたが、久秀は加わっていなかった（天野二〇一六）。このいわゆる「永禄《えいろく》の政変」により、義昭は一乗院《いちじょういん》内に幽閉されることになるが、七月二十八日に細川藤孝《ほそかわふじたか》・一色藤長《いっしきふじなが》らの手引きで脱出し、近江国甲賀郡の土豪和田惟政《わだこれまさ》を頼った。そしてここから、八月五日付けの上杉謙信をはじめとして（上越四六七・六八号）、周辺諸大名に宛てて御内書を発給し、入洛《じゅらく》の意図とそれへの支援を要請したのである。

図7　足利義昭木像（京都市等持院蔵）

これにいち早く応答したのは信長であり、重ねての御内書を受けて、十二月五日付けで供奉する覚悟を示している（愛県四五九号）。家康にも御内書が下されたようで、信長より早く、十一月二十日付けで入洛に助力することを伝えている（愛県四五六号）。翌年三月八日付けの信玄書状を参照すると（戦武九八一号）、家康への御内書発給も九月二十八日頃の可能性がある。信玄が御内書を受け取ったのは十二月とかなり遅れているが、返答にいたってはさらに遅れて翌年三月ということであり、しかも内容的にも遠国のため意に添えないということであるから、家康の積極的な対応は、信玄と比べると際立っている。

義昭はその年十一月二十一日に、甲賀より野洲《やす》郡矢島に御座所《ござしょ》を移している（愛県四八一号）。そして、ここで翌永禄九年二月十七日に還俗して「義秋」と改め、四月二十一日には朝廷から「従五位下左馬頭《じゅごいのげさまのかみ》」に叙任された。

ところで、義昭の上洛については信長が意欲を示し、義昭も大いに期待し、障害となっていた信長と美濃の斎藤龍興《さいとうたつおき》（父義龍の代に一色氏を称するが、本書では斎藤で統一する）との間の和睦を取りはからうため、細川藤孝が上使として尾・濃へ下った（愛県四八一号）。藤孝の奔走もあってこの和議は整い（愛県五〇八号）、八月二十二日には義昭の「御動座」のため、信長が尾張をはじめ「三州・濃州・勢州四ヶ国の出勢必定に候」とあるように、四ヵ国の軍勢を率いて参陣することになった（愛県五〇九号）。三河も入っているので、先の義昭への返答と信長との同盟関係とから、家康も信長の許へと兵を送ったのである。

しかしながら、この時の上洛計画は頓挫してしまう。斎藤氏との和睦がなり、近江矢島にある義昭のもとへの進軍路も整ったにもかかわらず、信長が斎藤氏との戦争を続行したためである（柴二〇一七b）。永禄九年閏八月の美濃国衆らの連署状《れんしょじょう》によるとこの間の経緯が明らかであり（愛県五一六号）、風雨による川の増水のため閏八月八日に織田方では溺死者が相次ぎ退散したという。義昭も閏八月二十六日付けの御内書で、和睦が成って悦んでいたところ、「信長乱入の儀、驚き入り候」と落胆しながらも、なお参洛については信長に申し遣わすとして、おそらく斎藤氏に対してこれまでどおりの馳走を求めている（愛県五一七号）。こうして、義昭は矢島から若狭へ、ついで九月八日には越前敦賀へと移座し（愛県五一九号）、さらに朝倉義景《あさくらよしかげ》の招きで一乗谷《いちじょうだに》（福井市）に落ち着いたのであった。

この間に美濃の情勢は信長に有利に展開し、永禄十年八月には美濃三人衆の斎藤氏からの離叛を好機として稲葉山《いなばやま》城（岐阜市）を攻略して美濃を平定し、居城を小牧山《こまきやま》（小牧市）から稲葉山に移して岐阜《ぎふ》城と改めた（愛県五六七号）。そして十一月より、「天下布武」印の使用を始めたのであった。

義昭・信長の上洛

義昭の上洛は、翌永禄十一年（一五六八）に実現することになる。七月十二日付けの義昭御内書（上越六〇九号）によれば、信長が義昭の入洛を強く請け負い、まずは美濃に移座するよう求めたため近く発足すること、このことは朝倉義景も承知していること、などを謙信に伝えている。こうして義昭は十六日に越前を発ち、二十二日に美濃立政寺《りゅうしょうじ》（岐阜市）へ御座を移した（『多聞院日記《たもんいんにっき》』永禄十一年七月二十七日条）。

義昭に供奉した信長の上洛戦は、尾張・美濃・伊勢と三河の軍勢を率いて九月七日から始まった（以下、基本史料は『大日本史料』第十編之一による）。岐阜城から出馬して近江に入り、三好三人衆（三好長逸《ながやす》・三好宗清《むねきよ》・石成友通《いわなりともみち》）と結んで対抗した六角《ろっかく》氏と戦い、十二日に箕作《みつくり》城（東近江市）、十三日に観音寺《かんのんじ》城（近江八幡市）を落とした。近江を平定した信長は義昭にこれを報じ、二十二日には近江桑実寺《くわのみでら》（近江八幡市）に迎え入れた。

二十六日には入京し、義昭は清水寺《きよみずでら》、信長は東福寺《とうふくじ》に陣した。その後、畿内の三好三人衆方と戦い、まず山城勝竜寺《しょうりゅうじ》城（長岡京市）を落とした。ついで摂津に入り、かつて三好長慶の居城で三好方の拠点でもあった芥川《あくたがわ》城（高槻市）を落とした。三十日には義昭も芥川城に入城し、ここを本拠としてさらに掃討戦を続けた。この間に、三好三人衆に擁立されて二月八日に一四代将軍となった足利義栄《よしひで》が、腫れ物を患って摂津富田《とんだ》（高槻市）で死去した。

十月三日には、芥川城に入った義昭・信長のもとに、松永久秀《まつながひさひで》、池田勝正《いけだかつまさ》らが「御礼」に参った。五畿内は義昭・信長によって制圧され、六日には朝廷より芥川城に戦勝奉賀の勅使が遣わされた。十日過ぎに信長の支援を得た久秀による大和平定が成ると、信長は義昭に帰洛を勧めた。義昭は十四日に再び入京し、十六日には上京にある故細川氏綱の旧邸に移った。このような義昭による「天下静謐」、つまり京都を中心とする畿内の平和がもたらされたことを受け、朝廷は十八日に義昭を従四位下《じゅしいのげ》に叙し、征夷大将軍《せいいたいしょうぐん》・参議《さんぎ》・左近衛中将《こんえのちゅうじょう》に任じた。義昭は待望の一五代将軍となり、室町幕府を再興したのである。

義昭が今回の信長の働きに深く感謝したことは、二十四日付けの二通の文書に明らかである（『信長公記《しんちょうこうき》』）。前者では、国々の凶徒《きょうと》（敵対者）を退治し、幕府を再興したことを讃え、いっそうの治安の保持をたのんでおり、後者では、大忠により、足利氏の桐紋《きりもん》と二引両《ふたつひきりょう》の紋の使用を許している。しかも、その宛所はいずれも「御父織田弾正忠殿」となっており、信長のことを「御父」とまでいっているのである。さらに、義昭は信長に副将軍か管領《かんれい》に就くことを求めたが、信長がこれを辞退したこともよく知られている。

図8　織田信長（豊田市長興寺蔵）

ところで、この時の義昭・信長の上洛は、どのような歴史的意義をもったものとしてとらえられるであろうか。従来は、信長が義昭を奉じて上洛を成し遂げたとされ、上洛の主体はあくまで信長であり、これが信長による天下平定への第一歩になったとみなされてきた。しかしながら、最近では上洛の主体はあくまでも義昭であり、信長はこれに供奉したものとみなされるようになってきている（久野二〇一五、初出二〇〇九、神田二〇一四、柴二〇一七b）。すなわち、当時の人々は、「御公方様御入洛に付き、織田上総守（介）御伴として上洛の儀に付き」（「斑鳩旧記類集《いかるがきゅうきるいしゅう》」）とあるように、義昭の上洛に信長が供奉したものと認識していた。また信長自身も、七月二十九日付けの謙信宛書状で、「公方様御入洛供奉の儀肯《がえん》じ申すの条」（上越六一〇号）といっている。『信長公記』でも同様で、そこではさらに芥川城の義昭のもとで、「五畿内隣国皆もって御下知に任せらる」といわれており、義昭によって「天下静謐」が実現したという認識を示しているのである。

信玄・家康の今川領侵攻

信玄の第一次駿河侵攻

武田・今川両氏間の緊張・対立は、永禄十年（一五六七）から翌十一年にかけて次第に強まっていった。信玄は次項で述べるように、信長の仲立ちにより家康と密約を結ぶと、事前に今川氏の重臣たちへの調略を行ったうえで、深雪で越後勢が動けない時期を見計らい、同年十二月六日に甲府から出馬し、ついに駿河への侵攻を開始した（小笠原二〇〇八a）。信玄の駿河侵攻は翌十二年十二月にも行われているので、ここではこれを第一次駿河侵攻とよぶことにする。

三国同盟を破棄しての駿河侵攻に際して、信玄は北条氏に対して釈明をしているが、そこでは氏真による駿越《すんえつ》同盟の推進を絶好の口実にしていた。すなわち、十二月十九日付けの北条氏照《ほうじょううじてる》書状によれば（戦北一一二七号）、「今般甲より駿州へ乱入候、然《しか》るに当方への表向きは駿・越示し合わせ、信玄滅亡の企《くわだ》て取りなされ候、このところ慥《たし》かに承り届くの旨、この度手切れに及ぶの由、甲より申し越され候」といわれている。氏照はこれを表向きの理由だと見抜きながらも、「今川殿御滅亡ぜひなく候」といっている。

しかしながら、北条氏康は信玄のこの釈明を認めず、ただちに氏政を派遣して今川氏の後詰《ごづめ》（救援行動）にあたった。嶺松院《れいしょういん》殿の帰国に際して、両家の仲介の労を執ったにもかかわらずそれを踏みにじられたこと、とりわけ氏真が懸川《かけがわ》城に落ちていくときに、その正室で氏康の娘である早川《はやかわ》殿が、輿《こし》も用意されず徒歩だったと聞き、「この恥辱雪《すす》ぎ難く候」（戦北一一三四号）と怒りをあらわにしていた。

この書状は翌十二年正月二日付けで上杉方に出されたもので、そこでは「越相《えつそう》一和《いつか》の儀申し届け候ところ、懇切の回報に預かり、本望至極に候」といっている。信玄の駿河侵攻に直面し、北条氏は長年の宿敵越後の上杉氏との越相同盟に動き出したことがわかる。外交での交渉ルートのことを「手筋《てすじ》」というが、越相同盟では、氏康の四男氏邦《うじくに》が活用した新田金山《にったかなやま》（太田市）城主由良成繁《ゆらなりしげ》を仲介とする「由良手筋」と、三男氏照が活用した上野厩橋《まやばし》（前橋市）城主北条高広《きたじょうたかひろ》を仲介とする「北条手筋」との二ルートがあり、やがて新「由良手筋」に一本化されたという（丸島二〇一三）。この越相同盟は、六月になって謙信の血判起請文《けつぱんきしょうもん》を受け取った氏康・氏政父子が、同じく血判起請文を書いたことで正式に成立した（戦北一二五四号）。

信玄の駿河侵攻は、事前の調略が功を奏したこともあり、当初は順調に進み、十三日には早くも駿府の今川館を落とした。氏真は支えきれずに、懸川城（掛川市）の朝比奈泰朝《あさひなやすとも》を頼って落ちていった。ところが、これに対して北条氏が今川氏支援に動くことは想定していたものの、北条氏が想定以上に素早い対応を取ったことは、信玄にとって誤算であった（前田一九九四）。

図9　武田信玄（高野山持明院蔵）

すなわち、十二日に氏政が出馬して沼津《ぬまづ》に陣を張り、その先鋒隊を率いた北条新三郎氏信《うじのぶ》は、早くも十三日に興津《おきつ》（静岡市清水区）で武田軍と交戦し、蒲原《かんばら》城（同）や薩埵《さった》山（同）を押さえた（静県7三五四五号）。このため、武田・北条両軍は興津川を挟んで対陣することになり、信玄は興津川西岸の横山《よこやま》城（静岡市清水区）を改修して北条方に備えた。北条方では、本隊を率いた氏政自身が正月二十六日に三島から打ち立って、「薩埵山の敵追い崩し、彼の嶺に陣を張り、甲相一里の間に対陣候」といわれているように（戦北一一五一号）、薩埵山に陣を張った。二月二十六日から二十八日にかけては、小競り合いとはいえかなりの規模の交戦があり、北条方では氏邦が興津河原で武田方の小荷駄隊を襲って五〇人余りを討取ったり、山手では信玄の親類衆本郷をはじめ十余人を討取ったともいっており、さらに興津城（横山城）際まで迫ったと戦果を誇っている（戦北一一六〇～六五号）。

また、高草山《たかくさ》（静岡市と焼津市の境界にある）以西の駿河西部は山西地域とよばれるが、益津《ましづ》郡花沢《はなざわ》城（焼津市）や志太《しだ》郡伊久見《いくみ》山・徳一色《とくのいつしき》城（藤枝市）などに今川勢が立て籠もり、武田勢に抵抗してその侵入を許さなかった。さらに、富士大宮《ふじおおみや》城（富士宮市）には今川方の富士信忠《のぶただ》が北条氏と連携し、武田勢に対峙したため、甲斐との連絡が不自由になってしまった（前田一九九二）。こうして、信玄は駿府は早々と落としたものの、戦線の広がりを欠き、東は興津川以西、西は高草山以東というように、駿府を中心とする駿河中部にいわば閉じ込められるような形になってしまった。

侵攻時の密約

さて、永禄十一年十二月の信玄とこの後に述べる家康の今川領侵攻に際して、両者の間で何らかの約束があったのかどうかが問題となる。「信玄による駿河侵攻時の永禄十一年十二月段階では両者間の和睦は成立しておらず、大井川を境に今川領国を分割領有するといった約定も成立していなかったと考えられる」とする見解もあるが（小笠原二〇〇八a、二二頁）、果たしてそうであろうか。筆者は信長と信玄との和睦が成立した七月以降に、信玄と家康との間で、少なくとも以下に述べるような三点の密約があったのではないかと考えている。

七月以降とは、七月二十九日付けで出された謙信宛信長書状によるものであるが（上越六一〇号）、そこでは信玄と当方との間では、義昭の入洛に信長が供奉することに対して信玄が理解を示したので、信玄の妨げはなくなり、和睦することになったといっている。それに続けて、それ以後、「駿遠両国」、つまり今川領国の扱いについて約束することがあったといっているのである。

信玄の駿河攻めは、信長との協力関係を前提としていたといわれる鴨川達夫氏は、この点について、駿河侵攻をめざす信玄と、足利義昭を擁して上洛を図ろうとする信長と、両者の利害が、絶妙のタイミングで一致したものといわれている（鴨川二〇〇七a）。これにより、信玄は信長を通じて家康に働きかけ、信玄・家康間で今川領侵攻に際しての事前の約束が成立していたとみられる。

第一に、十二月に入ったら同時に今川領国に侵攻すること。

信玄と家康の今川領侵攻は、十二月に入ってほぼ同時であり、事前の密約がなければそのような同時の侵攻はあり得なかったであろう。信玄が十二月に行動を開始したのは、敵対する上杉謙信が冬場には軍を動かせないという時期を狙ったからである。信玄はまた、今川領に侵攻すれば、北条氏が同盟関係にある今川氏支援に乗り出してくることを想定していた。そのために、信玄は信長を通じて家康に働きかけ、すみやかに今川氏を滅ぼすべく、信玄と同時に家康も今川領に侵攻することを求めた。家康は信長の慫慂により、信玄と交渉に入ることを受け入れたと思われ、信玄は十二月二十三日付けの家康宛書状で、駿河出馬に合わせて家康が急速に遠江へ侵攻したことに対して「本望満足」といっており（戦武一三四三号）、事前の約束があったことを窺わせる。

第二に、大井川を境にして、駿河は信玄、遠江は家康が領有をめざすこととする。ただし切り取り次第であること。

『甲陽軍鑑《こうようぐんかん》』によれば、家康から「信玄公は駿州を治めなされ候は丶、その御太刀かげをもって大井川を切りて、遠州をば一国家康手柄次第に切りしたがへ申すべく候」といってきたという。「家康手柄次第」ということは、いわゆる「切り取り次第」ということであり、家康が自力で遠州を切り従えるかどうかが問題であった。もし自力で平定できなければ、信玄も遠江に侵攻してもよいということになる。なお、『甲陽軍鑑』は家康のこの申し入れを、信玄・家康の今川領侵攻後のこととしているが、一次史料によるこの後の両軍の対応からみると、侵攻以前に密約があったとみるべきであろう。

信玄は当初より右の十二月二十三日付けの書状で、「すなわち遠州へ罷《まか》り立つべく候といえども、当国の諸士仕置《しおき》等申し付け候の故、一両日の間延引、三日の内に越山せしむべく候」とあるように（同）、遠江への侵攻意欲を隠さなかった。しかし実際には、この後述べるような家康の思いがけない順調な遠州侵攻と、他方で、北条氏の素早い対応などによる自身の進退の不都合とにより、信玄の思惑は外れることになった。

この時の「川切り」の密約が、大井《おおい》川か天竜《てんりゅう》川かで曖昧だったとする説が圧倒的に多い。たとえば、「徳川・武田両氏間における今川領国の国分《くにわけ》協定（領有境の取り決め）が『川切』（川を境に分ける）となっていて、徳川方は大井川、武田方は天竜川と、各々が解釈していた」（柴二〇一七a、七七頁）とか、「どうも家康が駿河・遠江国境の大井川で国分けが決まったと理解したのに対し、信玄はそれを遠江中央部を流れる天竜川と主張できるよう、具体的な川の名前を記さなかったものとみられる。」（丸島二〇一七a、一一六頁）などといわれているごとくである。

しかしながら、このような見方は、永禄十二年正月八日付けの家康宛信玄書状（戦武一三五〇）によって否定されるであろう。そこでは秋山虎繁らの信州衆が遠州に入り、見付辺りまでやって来たため、家康から遠州に野心があるのではとの「御疑心の由候」、つまり嫌疑を受けたため、秋山をはじめとする下伊奈衆《しもいな》を当陣（駿府）に召還するといっている。すなわち、大井川を境とするという約束があったればこそ、家康は信玄に抗議をすることができたし、信玄もまた家康の抗議を受け入れざるを得なかったのである。もし天竜川を境とすることが含みとしてあれば、当時信玄が厳しい状況に置かれていたとしても、信玄はそのように簡単に引き下がることはなかったであろう。『三河物語《みかわものがたり》』によれば、信玄は元亀三年（一五七二）に天竜川を境とする定めであったとして遠江に出馬してきたというが、これはこの時点になって言い出したことであって、言いがかりに過ぎない。

第三に、密約としてはもう一点、氏真が遠江の国衆らから駿府に取っていた人質を返すことがあったとみられる（鴨川二〇〇七a、平野二〇一六d）。すなわち、永禄十二年五月二十三日付けの武井夕庵《たけいせきあん》ら宛信玄書状（戦武一四一〇号）によれば、「信長の先勢と号し、家康出陣す。先約のごとく、遠州の人質ら請け取るべきの旨候あいだ、所望に任せ候し」とある。信玄が駿府を落としたならば、駿府に置かれていた遠州の人質らを返すとの「先約」があったようで、信玄はそれを実行したといっているからである。

遠江国衆の帰順

徳川家康もまた永禄十一年十二月に、神座峠《じんざ》（浜松市北区）を越えて今川領国である遠江への侵攻を開始した。事前の調略が功を奏して、菅沼忠久《すがぬまただひさ》・近藤康用《こんどうやすもち》・鈴木重時《すずきしげとき》らの井伊谷《いいのや》三人衆が案内役を務めた。拙著では本坂《ほんざか》峠を越えたとしたが、井伊谷三人衆の先導があったこと、浜名《はまな》湖方面には今川方である堀江《ほりえ》城（浜松市西区）の大沢《おおさわ》氏などがいたことにより、神座峠と改める。家康はさっそく十二月十二日付けで三人衆宛に忠節を賞して起請文を書くとともに、井伊谷跡職《あとしき》新地・本地をはじめ、各地の知行地を安堵した（静県7三五〇二・〇三号）。

家康の遠州経略は順調に進み、年内から翌年早々にかけて、国衆や土豪たちが次々にその軍門に降ってきた。史料で確認できる者だけをみても、十二月二十日付けで匂坂吉政《さきさかよしまさ》の本知行を安堵し（同三五二八号）、翌二十一日付けで久野《くの》城（袋井市）の久野宗能《くのむねよし》に一門・同心らの本知行を安堵した（同三五二九号）。いずれも「今度忠節に付きて」といわれていて、早々と家康に降ったことを示している。他方で、堀江城の大沢基胤《もとたね》・中安種豊《なかやすたねとよ》らは今川方として抵抗していたことが、同じく二十一日付けの氏真書状写や朝比奈泰朝ら連署状写から窺える（同三五三一・三三二号）。

十二月二十六日付けで家康は二俣城（浜松市天竜区）の鵜殿氏長《うどのうじなが》や松井氏・三和氏らに起請文を書くとともに、知行地の安堵を行った（同三五三九・四〇号）。二俣城には桶狭間の戦いで討死した松井宗信《まついむねのぶ》の子息宗恒《むねつね》が、氏真から所領や同心らを安堵され在番していたが（同二八六〇・六二一・六三三号）、この時期には集団的な在番態勢に移行していたのであろう。犬居《いぬい》城の天野藤秀《あまのふじひで》は、二十九日付けの氏真感状写では「今度錯乱について、その地堅固に相抱えらるるの段、忠節の至り也」と賞されているが（同三五四七号）、間もなく家康に降ったようで、翌年正月二日付けの家康判物写によれば、藤秀やその一族に対して本知行都合五〇〇貫文が安堵されている。ただ藤秀については、その後も二月二十四日付けで藤秀宛の知行地安堵の氏真判物が出されていて（同三六二三号）、なお去就が定かでないようにみえるが、最終的には四月八日付けの藤秀宛家康起請文写により（同三六九五号）、家康への帰順が確定したといえよう。

家康にとって、高天神《たかてんじん》城（掛川市）の小笠原氏助《おがさわらうじすけ》が帰順したことは、とりわけ意義が大きかった。小笠原氏は今川氏親《いまがわうじちか》の頃にはすでに中遠地方で隠然とした勢力を有しており、大永元年（一五二一）に高天神城主であった福島助春《くしますけはる》とその一族が、甲斐の飯田河原の合戦でほぼ全滅した後をうけて、春茂《はるしげ》の代から高天神城に入っていた（本多二〇〇八、初出二〇〇一）。家康が侵攻したこの時期には、隠居の美作守氏興《みまさかのかみうじおき》が馬伏塚《まむしづか》城（袋井市）に、その子息与八郎氏助が高天神城にいたのである。

この小笠原氏が服属した経緯については、諸書によって違いがあるが、『寛政重修諸家譜《かんせいちょうしゅうしょかふ》』第十九によれば、家康の仰せにより説得に当たったのは一族の小笠原清有《きよあり》だったとしている。清有は正月二十日付けの家康判物により（静県7三五八七号）、「今度別して馳

図10　高天神城跡

走せしむるにより」として、中遠地域三ヵ所で合わせて四三二貫文の新知行を宛行われているので、その可能性はあったとみるべきであろう。いずれにしても、小笠原氏の服属によって、その配下にある同心衆たちもまた家康に属することになった。史料上では「小美同心衆」つまり小笠原美作守の同心衆としてみえるが、正月十一日以降つぎつぎに本知行の安堵が行われた。中山又七・牧野源介・大村弥兵衛・大村弥兵衛同心四人・大村弥十郎・加々爪《かがつめ》備前守らであった（同三五六六・六七・六八・七三・七四・七六号）。

このように、家康の遠江侵攻ははなはだ順調に展開したのであるが、他方でその当初において、信玄との間で問題が生じた。密約の第二で述べたように、今川領国への侵攻にあたっては大井川を境とするという約束があったにもかかわらず、秋山虎繁が率いる信州衆が遠江に侵攻してきたからである。家康の抗議をうけて、信玄はさっそく秋山らを自陣に引き揚げさせるということにはなったが、この一件により、家康は信玄に対して強い不信感を抱くようになった。

確執と誓詞交換

この確執を修復しようとして、二月になって家康・信玄間で起請文が取り交わされた。ところが、この二月十六日付けで家康・信玄間で交わされた起請文については、年次比定の問題がある。当初は永禄十一年とされていて、『静岡県史』資料編8補遺（二四二一・四二三号）をはじめ、研究者の多くもそうであった（柴辻・平山二〇〇六）。そしてそれを根拠に、先に述べたような密約は、永禄十一年二月に結ばれたといわれることも多かった。

その後、『戦国遺文武田氏編』第二巻（二〇〇二年）ではこれを十二年とし（一三六七・六八号）、研究者でも十二年とする説が出てきて（鴨川二〇〇七a、小笠原二〇〇八a）、拙著でも同様の見解をとってきた。ところが、十二年で定着するかと思っていたところ、ごく最近になっても十一年とする説が出ているので（平野二〇一六d、平山二〇一七、大石二〇一八）、この点についてあらためて検討する必要がある。

関係史料は二点あり、一点は家康宛の信玄書状写（戦武一三六七号）、もう一点は酒井忠次宛の穴山信君副状《あなやまのぶただそえじょう》（戦武一三六八号）である。念のために、前者の全文をあげると、つぎのごとくである。

いささかも疑心を存ぜず候といえども、誓詞の儀、所望申し候ところ、すなわち調《ととの》え給わり候。祝着に候。信玄ことも案文のごとく書写し、使者の眼前において血判を致し、これを進《まいら》せ候。いよいよ御入魂こいねがうところに候。恐々謹言。

二月十六日　　　　信玄判

徳川殿

家康と信玄との間で今川領国侵攻時に密約を結び、いわば提携関係にあったにもかかわらず、あらためて誓詞の交換をせざるを得なかった事情は、先にも述べたように、秋山虎繁が遠江に侵攻してきたため、家康が信玄に対して「疑心」を抱いたからである（戦武一三五〇号）。このため、信玄は虎繁を自陣に引き揚げさせるとともに、家康との関係を修復すべく誓詞を所望し、それに応じた家康に対して自身もまた誓詞を認《したた》めたのである。

この文書の冒頭にみられるように、信玄は家康の「疑心」を気にしており、そのためわざわざ「いささかも疑心を存ぜず候といえども」と、自身の方には「疑心」はないと言訳めいた文言から始めている。信玄はまた信長に対しても正月九日付け書状で、家康から当方へ「疑心」があり、それに遠慮して今も当府（駿府）にとどまっている（戦武一三五一号)、と釈明しているほどである。

永禄十一年二月段階では、いまだ家康・信玄間には特段の接触はなく、家康が信玄に対して「疑心」を抱くような事態は生じていなかった。それゆえ、当該文書が作成されるに至ったのは、秋山虎繁の遠江侵攻という事態を前提としたものであり、永禄十二年に年次比定されるべきものである。

今川氏の滅亡

家康の懸川城攻め

今川氏真が駿府館から逃れて懸川城に籠城したため、遠江に侵攻した家康は懸川城を囲むことになった。懸川城攻めは年明けから本格的に始まり、正月十六日には青田《あおた》山に付城を構えて小笠原氏助ら高天神衆が、仁藤山には岡崎衆、金丸《かなまる》山には久野宗能一党が入り、それぞれ懸川城に迫った（静県7三五七八号）。家康も兵を率いて、十七日には天王《てんのう》山に陣を敷いた（同三五七九号）。しかし、城兵たちはなかなか手強く戦ったようで、氏真の感状によれば、二十日には懸川天王寺の戦いで安藤九右衛門が（同三五九八号）、二十一日には懸川天王小路の戦いで西郷信房が（同三六〇二号）、それぞれ戦功をあげたとして賞されている。この天王山の戦いは、一進一退の激戦になったようで、『北条記《ほうじょうき》』によれば、「家康衆初度のかけ合に打ち負け、同廿八日の合戦、氏真衆討ち負ける」といわれている（同三五九四号）。

今川方へは北条氏から援軍が送られていたようで、北条氏政は十二月二十二日付けで清水新七郎に、二十三日付けでは板部岡《いたべおか》右衛門《えもん》に対して、万一討死したり、海上で思いがけない難風で命を落とすことがあっても、一跡は取り立て、妻子には別条ないよう扶持《ふち》を加えるといっている（同三五三三・三四号）。正月五日付けでは氏真が大藤《だいとう》式部に対して、懸川入城などに際しての忠節を賞し、これを氏康・氏政に伝えるといっている（同三五五三号）。また、正月七日付けの上杉氏宛北条氏照書状によれば（同三五五七号）、氏真が懸川城に移ったと知らせ、「当方より船をもって三百余人加勢を指し遣わされ候間、彼の城においては先ず堅固に候」といっている。北条氏は今川氏のために、かなり本腰を入れて援軍を送っていたのだ。

二月に入ると上杉謙信から情況の問い合わせがあったようで、二月十八日付けで河田《かわだ》長《なが》親《ちか》宛に家康書状と石川家成副状が出されている（上越六六一・六二号）。そこでは、今川・武田両氏の間で合戦が起こり、家康も遠州に出馬したところ、思いがけず遠州の諸士が降参してきて、懸川一城が敵対しており、ここに今川氏真が立て籠っているので、これを包囲して今も在陣しているが、近く落城するだろうといっている。しかし、落城が近いどころか、現実はなかなかきびしかった。なお、上杉氏との外交交渉については、次章であらためて取りあげることとする。

　三月四日に家康は再度懸川に兵を出し、五日から本多忠勝・松平伊忠《まつだいらこれただ》を先陣として攻撃を開始した。城中からは朝比奈泰朝《あさひなやすとも》や三浦監物《みうらけんもつ》らが打って出て応戦した。この戦闘で、今川方では一〇〇余人、徳川方でも六〇余人の戦死者を出したといっている。合戦は懸川城にとどまらず、同日、今川方支援の北条の兵が、数艘の船で懸塚《かけづか》湊（磐田市）に着いた。家康は大須賀《おおすが》康高《やすたか》・榊原康政《さかきばらやすまさ》・鳥居元忠《とりいもとただ》らに命じてこれを撃ち、翌日には懸塚表を押さえた。さらに、大沢基胤《おおさわもとたね》らが抵抗している堀江城（浜松市西区）には、鈴木・菅沼・近藤の井伊谷三人衆に命じて、これを攻撃させた（静県7三六五二号）。

図11　掛　川　城

　他方、今川方では四月四日付けで大沢基胤・中安種豊が朝比奈泰朝らに宛て、城内には兵粮を二、三ヵ月分は所持していること、家康方からの調略があったことなどを報じている（同三六九〇号）。これをうけて、今川方では大沢・中安らに対して、「只今《ただいま》返す返すの御忠節、比類なく思し召され候」と賞している（同三六九六号）。このような今川方の根強い抵抗により、家康は力攻めに頼るのではなく、方針を転換することになった。

信玄の駿府撤退

他方、信玄が置かれていた状況をみると、駿河中部に閉じ込められ、東西から挟撃されるという苦しい事態は、好転する兆しがみえなかった。のみならず、駿府の北に当たる安倍奥《あべおく》で、今川方の地下人《じげにん》たちの一揆さえ起こり、これがまた徳川方との摩擦の原因ともなった。二月二十三日付けで酒井忠次に宛てられた山県昌景書状によれば（戦武一三六九号）、昌景はつぎのように弁明している。

すなわち、前節で述べた二月に家康・信玄間で交わされた誓詞には、今川方と和睦交渉をする際には、事前に通告し合うという一項が含まれていたようである（丸島二〇一三）。ところが、武田信友《のぶとも》・朝比奈信置《のぶおき》・小原伊豆守らは「貴殿へ申し理《ことわ》らず候由」、つまり忠次方へ通告することなく、勝手に今川方の地下人らと人質交換をしたために、徳川方に「疑心」を持たれ、自分にとっても迷惑なことだといっている。

そして、今回の問題は、安倍山の今川方地下人らが謀反を起こし、過半は退治したものの、「山中切所《せつしょ》により、残党等今に深山に立て籠り候」といい、この地下人らとの降伏交渉の過程で、事情をよく知らない新参の信友や信置らが先走ったことをしてしまい、信玄も怒って、彼らを謹慎処分にしたと弁明している。たしかに三人は新参で、信友は信玄の弟とはいえ、父信虎が駿河に追放されてから生まれており、朝比奈・小原は今回の信玄の駿河侵攻によって帰順した今川旧臣であった。武田氏に降った今川旧臣たちは「駿河《するが》衆《しゅう》」とよばれたが、朝比奈右兵衛太夫《うひょうえたゆう》はその代表格で、信玄から武田氏の通字である「信」字授与と駿河守受領が行われ、朝比奈駿河守信置と名乗り、この後武田方の駿河先《せん》方衆《ぼうしゅう》として活躍した（黒田二〇〇一、初出一九九五）。

昌景は、自分はこの人質替えについてはいっさい承知しておらず、徳川方の御使本田百《ほんだもも》助《すけ》には「誓言《せいごん》」をもって申し述べたといっている。なおもお疑いならば、「大誓詞」を書いてもよいし、甲斐に人質となっている忠次の娘を返還するともいい、委《くわ》しくは百助が帰ったら申すだろうといっている。このような安倍奥の地下人一揆もまた、信玄にとっては打撃であった。なお、本田百助とは本多忠政《ただまさ》のことで（これまでは「信俊」といわれてきたが、柴二〇一七aでは発給文書によって「忠政」とする）、『寛永諸家系図伝《かんえいしょかけいずでん》』第八によればこの頃から「台命《たいめい》をこうぶりて、御使番《おつかいばん》となる」といわれている。

このような窮地に陥った信玄が頼ったのは、またしても信長であった。信長への武田方の使者市川十郎右衛門に宛てた三月二十三日付け信玄書状写には（戦武一三七九号）、信玄の心情がまことに正直に語られている。内容は三点あり、第一は、雪解けとともに謙信が信濃へ出兵してくるのは必定だとし、北条氏との薩埵山での興亡の一戦を標榜しながら、他方で信長の媒介による甲越和融を求めている。第二に、「家康はもっぱら信長の異見を得らるる人に候」とみており、遠州がことごとく家康に属したことは認めながらも、氏真と和融を図ろうとしていることには、不信感を抱いている。第三に、信玄にとっては、今は信長を頼るしかないとし、「この時いささかも信長御粗略においては、信玄滅亡疑いなく候」とまでいっている。つまり、それほどの気持ちを持って織田方との交渉に当たるよう、市川に命じているのである。

このうち、第一でいう甲越和融については、信長の媒介で将軍義昭の御内書が下されており、二月八日付けの謙信宛御内書では、「次に越・甲この節和与せしめ、いよいよ天下静謐《せいひつ》の馳走、信長と相談すべき儀肝要」といっている（上越六五五号）。この御内書には十日付けで直江景綱に宛てた信長の副状も出されており、「この節入眼《じゅがん》有りて、公儀御馳走肝要に候」といっている（上越六五六号）。三月十日付け信長宛信玄条目では、その第一条で、越・甲の和与を勧める御内書につき、「すなわち御請けに及び候のこと」と承諾したことを伝えている（戦武一三七六号）。義昭はさらに四月二十日付けの謙信宛御内書で、

「この節ぜひとも入眼然るべく候」と謙信の決断を迫っている（上越七〇六号）。最終的には謙信も和与に応じたようで、義昭は八月十日付け謙信宛御内書で、「この度の儀、然るべく候、輝虎の存分、急度申し上ぐべき段、喜び入るべく候」と喜んでいる（上越七八六号）。こうして、わずかな期間ではあったが、信長・義昭を頼って甲越同盟が成立していたのである（丸島二〇〇六）。

第二でいう家康と氏真との和融については信玄は大いに懸念し、四月七日付けの家康宛信玄書状では、三点にわたり家康を牽制している（戦武一三八九号）。すなわち、懸川城近辺に砦を築いて取り詰めるべきこと、甲・越和与の儀は義昭の御下知と信長の媒介で落着するであろうこと、佐竹《さたけ》・里見《さとみ》・宇都宮《うつのみや》ら関東の態勢が整い、小田原《おだわら》に向い行《てだて》（軍事行動）に及ぶであろうこと、などである。

しかし、信玄の画策にもかかわらず状況は好転せず、家康と氏真との和睦が実現すればいっそう窮地に陥ることになるため、信玄はついに駿府から撤退することを決断した。四月十九日付けで「左衛門太夫」宛と「久能在城衆・番手衆」宛の信玄定書《さだめがき》が出されている（戦武一三九六・九七号）。前者は横山城（静岡市清水区）の穴山信君《あなやまのぶただ》宛のもので全一五ヵ条、後者は久能城《くのう》（静岡市駿河区）の板垣信安《いたがきのぶやす》ら在城衆・番手衆宛で全一〇ヵ条となっている。それぞれ詳細な規定を行っており、信玄が再度駿河に侵攻するまで、両城を堅守するように命じた。その上で、五月朔日付け酒井忠次宛信君書状で、「去る廿四日納馬せられ候」といわれているように（戦武一四〇〇号）、信玄は四月二十四日にやむなく駿河から撤退したのであった。

懸川開城と氏真

懸川城を攻めあぐねた家康は、三月頃から氏真との和睦の道を探り始めたようである。『松平記』や『北条記』によれば（静県7三六五八・五九号）、三月八日に今川家臣の小倉勝久《おぐらかつひさ》に対して、和睦の申し入れがあったという。自分はもとは義元に取り立てられたのだなどと今川氏とのかつての縁を説き、遠江を家康が取らなければ信玄が必ず取ることになる。それよりは家康に下されて和談となれば、北条氏と申し合わせて信玄を追い払い、氏真を駿府にお返ししようと再三申したので、氏真も納得し、家康より起請文を取って和睦が成立することになった。この和睦交渉は小田原の北条氏とも連携して進められ、五月朔日付けの酒井忠次宛氏康書状によれば、「蔵人佐殿（家康）と駿州（氏真）一和《いっか》の儀、玉滝房をもって申し届け候、成就、氏康においても念願せしむばかりに候」といっており（戦北一二二三号）、氏康も両者の和睦を念願していた。

このような和睦交渉を進めながらも、他方で、家康は今川家臣の懐柔をも引き続き進めていた。四月八日には去就が曖昧であった天野藤秀に対し、改めて起請文を書き本知行などを安堵するとともに、奥山氏や家山の鱸《すずき》氏らをはじめ、同心・親類衆の本知行についても相違ないこと、懸川の人質については別条ないことなどを誓っている（静県7三六九五号）。懸川城には今川方が遠江国衆らから取っていた人質が置かれていたようで、氏真との和睦交渉では、人質を無事に引き渡すことも含まれていたのであろう。十三日には、奥山定友《おくやまさだとも》・久友《ひさとも》の兄弟宛てに別途奥山の本知行などを安堵するとともに、藤秀に対しても重ねて安堵を行っている（同三七〇二・〇三号）。

とりわけ、最後まで今川方として忠節を尽くしていた堀江城の大沢基胤・中安定安・権太泰長宛の一連の四月十二日付け起請文三点・判物一点が注目される（同三六九八〜三七〇一号）。家康と酒井忠次・石川数正の起請文は五ヵ条で同文であり、大沢らを説得するための使者を務めた渡辺盛《わたなべもり》の起請文は三ヵ条となっている。大沢らがそのまま堀江城にとどまることを認め、知行地等の安堵を行っている。家康判物では、知行地など一一ヵ所の地名を具体的にあげて、諸役の不入《ふにゅう》を認め、たとい増分《ぞうぶん》（余得）があってもそれらも安堵するといっている。このような手厚い処置を伴う懐柔により、大沢氏らもやっと家康に帰順したのであった。

このような状況をうけ、氏真もついに五月十五日に懸川城を家康に明け渡し（戦北一二四〇号）、義父氏康からの迎えの兵とともに去って行った。開城した懸川城には、家康は石川家成を入れてこれを守備させた。氏真自身は慶長十九年（一六一五）に享年七七歳で死去するというように、この後も長く生きながらえることになったが、戦国大名としての今川氏はこれによって滅亡した。家康も氏真警護のため、松平家忠に命じて一行を送らせた（同三七三一号）。懸塚湊（磐田市）から乗船し、五月十八日付け北条宗哲《そうてつ》（幻庵《げんあん》）宛氏政書状写によれば、「氏真御二方（氏真と早川殿）おのおの相違なく、昨日蒲原《かんばら》まで引取り申し候」とあるので（戦北一二二二号）、十七日には蒲原城に入ったことが知られる。

その後の行程で、これまで長らく伊豆の戸倉《とくら》城へ向ったといわれてきたが、氏真が入ったのは沼津の大平《おおひら》城（沼津市）であった（黒田二〇〇一、初出一九九六）。ただ、黒田基樹氏は氏真が沼津に到着した日は氏康書状（戦北一二三四号）により閏五月三日とされているが、閏五月二十一日付け謙信宛氏真書状によれば、「去る十五日、駿州沼津と号する地に納馬候」とあり（上越七四九号）、氏真自身は十五日といっている。これは、沼津に到着したのは三日であるが、大平城に入城したのは十五日だったということであろう。もしそうであれば、閏五月十五日付け矢部将監宛北条氏朱印状から（戦北一二五〇号）、氏真は十五日には大平城に入城していたとする黒田説とも、ほぼ平仄が合うのである。

五月二十三日付けの氏真書状によれば、「国王殿養子申すの事」とあり（戦今二三七五号）、氏真は北条氏政の子息国王丸（のち氏直《うじなお》）を養子とし、今川氏の名跡を譲った。閏五月三日付けの富士信忠宛氏政書状によっても、「然らば駿国の儀、愚息国王名跡たるべき旨、氏真より仰せを蒙り候条、仰せに任せ候」といっている(戦北一二三五号)。これによって北条氏は、駿河支配の名分を得ることになった。

氏真や北条氏と連携した懸川開城は、武田信玄にとっては大いに不満であった。信長側近の夕庵ら宛信玄書状によれば(戦武一四一〇号)、懸川落城ということになれば、氏真を生害するか、そうでなければ三尾両国の間へ送るべきところだ。それを北条・徳川間で和与と号し、懸川籠城の者たちを無事に駿河へ通すとは、思ってもみないことだったと非難している。そして、先に述べた二月の家康誓詞には、氏真・氏康父子とは和睦をしないとの一項が入っていたようで、信玄は「すでに氏真・氏康父子へ和睦有るべからざるの旨、家康誓詞明鏡に候、このところ如何《いかが》信長御分別候哉《や》」といっている。つまり、誓詞に背いて氏真・氏康父子と和睦をした家康の所行を、信長に問い詰めているのである。

さらに、過ぎてしまったことは仕方がないので、「せめてこの上、氏真・氏康父子へ敵対の色を寄せ候様、信長より急度御催促肝要に候」といっており、信玄のやり場のない憤懣がよく表れている。信長がこの件で、何か家康に働きかけるということはなかったようであるが、いずれにしても、この時の家康の対応に対して、信玄は深く恨みに思ったに違いない。

信玄の動向

北条領への侵攻

永禄十二年（一五六九）五月に氏真が懸川城から沼津に去ると、正月以来薩埵山《さったさん》に在陣していた北条氏政も陣を払い、所々の手配をしながら小田原へと引き揚げた。とくに薩埵山と蒲原城とは、駿河の武田軍と対峙する最前線の拠点であったため、しかるべき兵力を配備し、防衛体制を固めた。

薩埵山には重臣大藤政信《だいとうまさのぶ》・太田十郎や岡部氏などの駿河衆が在番衆として配備された。大藤・太田氏らはいち早く海路で氏真への援軍として派遣され、懸川の籠城戦にも加わっていたが、開城に伴い氏真一行とともに退去し、引き続き薩埵山での在陣を命じられたのである。蒲原城にはすでに北条氏信が「城主」として在城していたが、さらに有力家臣の清水新七郎や笠原・狩野氏らが配備された。清水もまた、大藤らと同じく懸川城からの退去組であった（黒田二〇〇一、初出一九九六）。

北条方の防衛体制は、薩埵山や蒲原城にとどまらなかった。富士大宮城（富士宮市）との連携・支援を図る拠点として興国寺城《こうこくじ》（沼津市）があり、さらに駿河北部の防衛体制強化のため、御厨《みくりや》地域の古沢《ふるさわ》に新たに深沢城《ふかざわ》（御殿場市）を築いた。閏五月十三日付けの那須氏宛氏政書状によれば、「甲州に向け新地を築き、ようやく出来《しゅったい》候間、五日の内に帰陣せしむべく候」といっているが（戦北一二四五号）、この「新地」が深沢城であった。このように、北条氏は武田氏に備えて、駿河での防衛体制の強化に努めていたのである。

他方、武田信玄は四月末に甲府に納馬すると、さっそく行動を開始した。六月に入ると深沢城に向かったため、十六日付けの謙信宛の氏康・氏政の書状によれば、「御厨郡古沢新地へ寄せ来たり候」といい、謙信に後詰《ごづめ》を行うよう要請した（戦北一二六三・六四号）。この頃、北条氏は越相同盟に基づき、上杉方にたびたび信濃への出兵を要請していたが、他方で甲越同盟の動きが進行していたため、北条氏の期待に反して、謙信が信濃へ出兵することはついになかった。

武田軍はそのまま伊豆の三島《みしま》から韮山《にらやま》へ向かい、さらに富士大宮城を攻略したことが、七月二日付けの玉井石見守《いわみのかみ》宛信玄書状、および三日付けの大井高政《おおいたかまさ》宛信玄書状によって知られる（戦武一四二七・一四二八号）。前者では、「そもそも今度豆州に向かい不慮の行《てだて》（軍事行動）に及び、三島以下ことごとく撃砕す」とあり、さらに「北条助五郎兄弟と一戦を遂げ」といっているので、三島を蹂躙《じゅうりん》した後、韮山城の北条助五郎氏規《うじのり》とも戦っている。後者では、「穴山左衛門太夫《あなやまさえもんだゆう》（信君《のぶただ》）に対し、城主富士兵部少輔《ひょうぶしょう》（信忠《のぶただ》）悃望《こんもう》候の間赦免せしめ、城請け取り、当表ことごとく本意《ほい》を達し候」といっている。降伏した富士信忠は大宮城を退去し、その後蒲原城に入った。

このような駿東や伊豆方面への軍事行動の後、信玄は八月二十四日に甲府から出馬し、碓氷《うすい》峠（長野県軽井沢町と群馬県安中市の境）を越えて関東の北条領への侵攻を開始した。九月九日には御嶽《みたけ》城（埼玉県神川町）を攻め、十日には北条（藤田）氏邦《うじくに》の居城鉢形《はちがた》城（埼玉県寄居町）を囲んだ。小山田信茂《おやまだのぶしげ》率いる別働隊は武相国境を越え、信玄本隊と合流して北条氏照《うじてる》の居城滝山《たきやま》城（八王子市）を囲んだ（小笠原二〇〇六、池二〇一二）。

鉢形城の氏邦は、九月十日付け謙信側近山吉豊守《やまよしとよもり》宛書状で、「よって武田信玄、西上州へ出張、昨九日御嶽へ取り懸り候のところ、敵百余人討取り候。験《しるし》（敵の首）小田原へ差し越し申し候。然らば今日十日、当地鉢形へ相働き候のところ、外曲輪《そとくるわ》において仕合《しあい》（斬り合い）に及び、手負・死人際限なく候」といい、謙信の越山を求めている（戦北一三一二号）。御嶽城・鉢形城ではかなりの激戦になったことが知られるが、鉢形城などは結局攻略できないまま囲みを解き、そのまま南下して滝山城を包囲したのである。

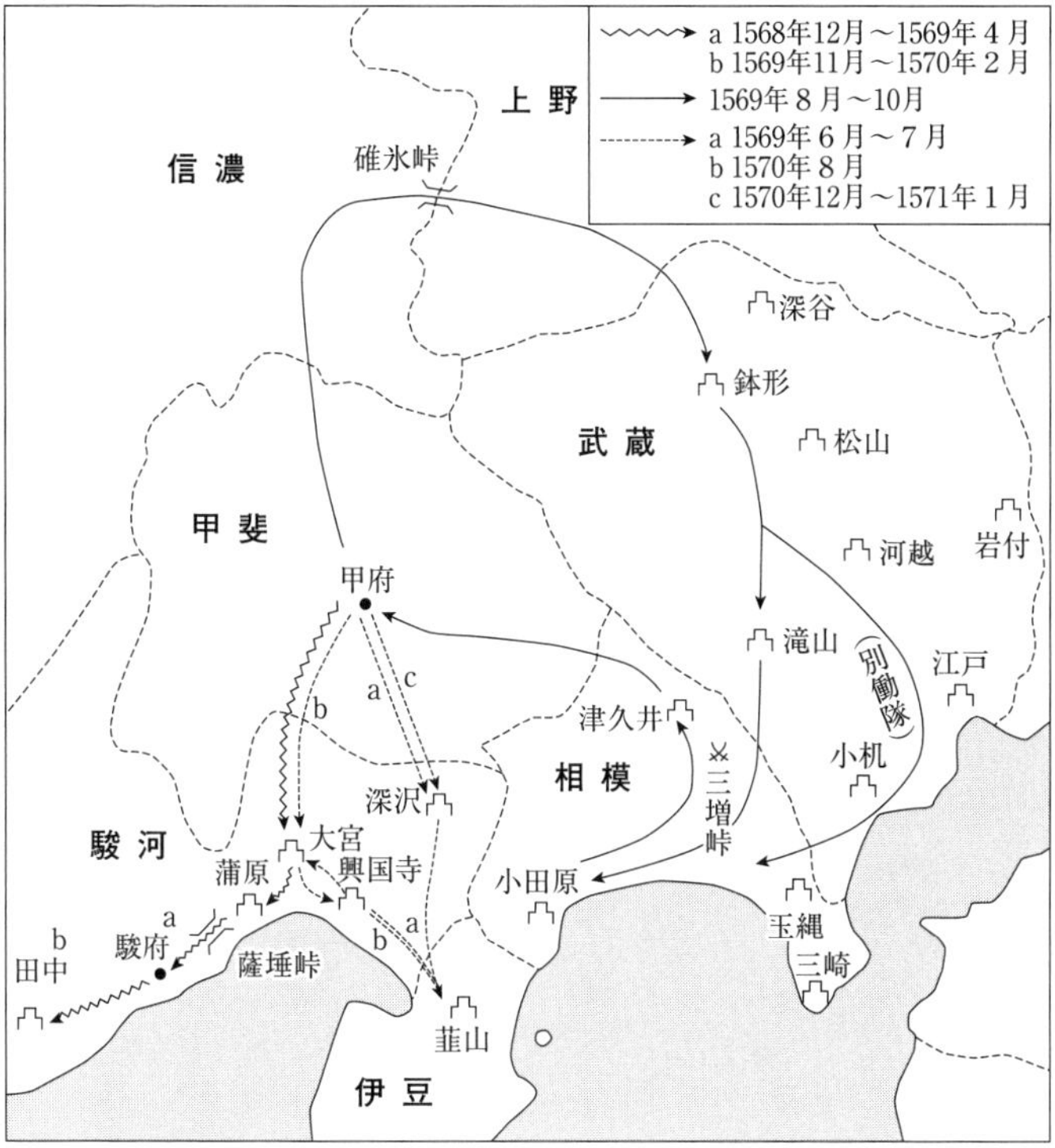

図12　永禄末年武田信玄行動図（池2012を補訂）

滝山城での戦いは、氏照の十月二十四日付けで山吉豊守と河田重親《かわだしげちか》とに宛てたほぼ同文の書状に詳しく、後者では「宿三口へ人数を出し、両日共に終日戦いを遂げ、度々勝利を得、敵際限なく討ち捕え、手負の儀はその数を知らず、両日陣取り、三日目には夜中当地を引離れ、武相の境に候杉山《すぎやま》峠を取り越し候」といっている（戦北一三二四・二五号）。北条方の立場であるから誇張はあると思われるが、氏照らはよく戦ったようで、武田軍はここでも攻略にはこだわらず、三日目には杉山峠（現御殿《ごてん》峠、八王子市と町田市の境）の方へと去って行ったという。

小田原攻めと三増合戦

杉山峠を越えてから、武田軍は相模《さがみ》川沿いにさらに南下し、北条氏の本拠である小田原城へ向かった。武田軍は十月一日には小田原城を囲んだが、氏康は徹底して籠城戦に頼ったため、両軍主力の激突にはならず、信玄は四日には囲みを解き、津久井《つくい》筋へと向かった。それでも信玄は、十月十五日付けの遠山駿河守宛信玄書状で、「今度関東へ出張、数カ所の敵城を経て小田原に行《てだて》に及び、氏政館を始めとしてことごとく放火し、その外彼の一類の城郭貽《のこ》らず撃砕す」とその戦果を誇っている。しかし、実際には城外で小競り合いがあり、城下の所々を放火した程度にとどまったのであろう。

北条方では、たとえば十月四日付けの謙信宛氏政書状によれば、「この度小田原まで敵

図13　小田原城

放火す、人数諸城に籠め置く故、早々と一戦に及ばざる事、無念千万に候、今日敵退散の間、明日出馬し、武相の間、無二の一戦落着候」といっていて、小田原城下が放火されたことを認めている。そして軍勢が諸城に分散しているため籠城戦に頼らざるを得ず、兵をまとめて武田軍に当たれないことを「無念千万」といっている。小笠原春香氏は「駿河にて武田軍と対峙していた氏政が発給している」との理由で、この諸城は駿豆における諸城とされるが（小笠原二〇〇六、七〇頁）、鉢形城の氏邦、滝山城の氏照をはじめ、関東の諸城にも多くの兵を割いているのであるから、ここは素直に、駿豆方面だけではなく、関東を含めた諸城ということでよいだろう。

四日に小田原城の包囲を解いた武田軍は、五日に津久井筋から甲府へ退散しようとしたところ、翌六日に氏照・氏邦を中心とする北条軍と、武相国境の三増峠《みませ》（神奈川県愛川町）周辺で合戦になった。これがいわゆる三増合戦である。先の十月二十四日付けの氏照書状によれば、六日早天に、氏政の軍勢は間に合わなかったが、「宗《むね》の者（主な者）数多《あまた》討取り候」といっている。しかし、実際には氏政の援軍が一日の差で間に合わなかったこともあって北条方は敗れ、信玄の甲府への撤退を許したのであった。八日付けの謙信宛氏康書状では、「相武境三増と号する山地まで陣を進め候。敵手早く取り越す間、当旗本一日の遅々ゆえ、取り遁がし候。誠に無念の至りに候」といい（戦北一三二一号）、やや正直にそのことを認めている。

他方、信玄の方は十月十六日付けの諏訪《すわ》頼忠《よりただ》宛の書状で、「そもそも北条氏政居住の地を撃砕し、武・相両国ことごとく放火し、あまつさえ相州見《（三）》増坂に至り一戦を遂げ、北条新太郎・助五郎已下の凶徒二千余人討ち捕え、存分のごとく本意を達するの条、しかしながら当社の神力のゆえに候」といっている（戦武一四六五号）。新太郎（氏邦）や助五郎（氏規）らは討たれていないので誇大な主張ではあるが、武田軍の勝利であったことは間違いない。

こうして、第一次駿河侵攻時に北条氏のために窮地に追い込まれた信玄は、今回の出馬で小田原城も含めた関東の北条領国を席巻したことで、北条方を牽制するという所期の目的を達成した。実際にも、北条方は十一月二十三日付けの朱印状で、まずは小田原城普請のための人足動員を行っているが（戦北一三三九・四〇号）、やがて滝山《たきやま》城に代って新たに八王子《はちおうじ》城の構築を始めるなど、関東の防衛体制の再整備を余儀なくされることになった。

信玄の第二次駿河侵攻

北条氏にとっては、信玄が甲府へ戻ったとはいえ、その後どのような行動に出るのかは大いに懸念するところであった。そのため、信玄の動静に関する探査を怠らず、十一月二十二日付けの氏邦宛氏政書状によれば、「よって甲州衆富士へ打ち出で候」と、武田軍が大宮城に入ったことを知り、「我々も明日か明後日、豆州へ出馬すべく候」といい、三島あたりへの出馬を示唆していた（戦北一三三八号）。しかし、この出馬は実現しなかった。

十一月二十八日付け由良成繁《ゆらなりしげ》宛氏政書状では、さらに「信玄駿州へ出張必然に候、昨日までは本陣、富士と号する地に候」と、二十七日までは大宮城に本陣を置いていたとし、その後の動静を気にかけていた。信玄が行動を起こした鉾先は、北条氏も予測していた駿河であり、これがいわゆる第二次駿河侵攻であった（前田一九九四）。十一月晦日付けの太《おお》田資正《たすけまさ》ら宛信玄書状の追而書《おってがき》で、「明日出陣、取り乱し候の間、一紙に載せ候」といっているので（戦武一四七七号）、出馬は十二月一日であった。

武田軍は早くも六日には諏訪《すわ》（のち武田）勝頼《かつより》らの攻撃で蒲原城を攻略し、信玄はその戦勝を真田幸綱《さなだゆきつな》・信綱《のぶつな》父子に、「今六日蒲原の根小屋《ねごや》放火のところ、在城の衆ことごとく出合《いであ》い候。一戦を遂げ勝利を得、城主北条新三郎（氏信《うじのぶ》）を始めとして、清水・狩野介《かのうのすけ》残らず討取り、即時に城を乗っ取り候。誠に前代未聞の仕合に候」と報じている（戦武一四八〇号）。信玄はこの戦勝を、十日付けで信長にも報じ、「当城へ信玄罷り移り候」と、蒲原城に移ったことを伝えている。

十二月十六日付けの勝頼書状では、「追って、去る十二夜中、薩埵自落。これまた満足たるべく候」といっている（戦武一四八四号）。六日に蒲原城が落とされると、薩埵山の北条勢は十二日に「自落」、つまり戦うことなく小田原方面へと去って行った。これによって、北条方は富士川以西の駿河における拠点を失うことになり、武田方に対する駿河での防衛拠点は、興国寺《こうこくじ》城と深沢城とに後退することになった。

武田軍はそのまま駿府に迫り、奇しくも一年前と同じ十三日に駿府を手中にした。駿府には、氏真の懸川開城に伴って戻ってきた岡部正綱《おかべまさつな》らの駿河衆が、焼失した今川館《いまがわ》を改修して立て籠っていた。しかし、信玄はあえてこれを落とすのではなく、臨済寺《りんざいじ》（静岡市葵区）の鉄山和尚を通じて懐柔することにより、正綱らはこの後武田氏の駿河先方衆として活躍することになった（柴二〇〇三）。

こうして、駿府を手中にした信玄は、年が明けて永禄十三年（一五七〇、四月二十三日元亀と改元）になると、正月から駿河西部山西方面の平定を進めた。今川方の花沢《はなざわ》城（焼

図14　蒲原城跡遠望

津市）と徳一色《とくのいっしき》城（藤枝市）が問題であり、前年には、薩埵山と蒲原城に拠る北条勢との対峙がきびしく、高草山《たかくさやま》を越えられなかったのである。

まず花沢城であるが、正月十日付けの家康宛信玄書状写によれば、「去る廿六日の廻札、駿府において披見す。そもそも当国の凶徒ことごとく退治す。然るといえども、花沢と号すの地に大原《おおはら》肥前守在城す」といっている（戦武一三五二号、静県7三五六三号）。花沢城には大原資良《すけよし》が在城しており、信玄はまずこれを攻めたのである。資良は今川氏旧臣で、前年始めまでは宇津山《うつやま》城（湖西市）に在城し、対岸の堀江城（浜松市西区）の大沢氏らと連携して家康に抵抗していた。しかし、四月に大沢氏が家康に帰順し、五月に氏真が懸川城から退去した後、花沢城に移ったとみられる。なお本文書は、『戦国遺文武田氏編』や『静岡県史』資料編7ではいずれも永禄十二年としており、前田利久氏も同様であるが（前田一九九四）、永禄十二年正月では資良はいまだ花沢城には入城していないので、永禄十三年に年次比定すべきものである。

実際の戦闘状況についてみてみると、花沢退城後の二月五日付けの鱸《すずき》木源六宛資良判物写によれば、「今度花沢城中に有りて、正月四日に小坂口において討ち候間、御走り回（廻）り候。同十六日に大手口において鑓《やり》を合わせ、比類なき御働きに候」といわれている（静県8一五九号）。武田軍では帰順したばかりの岡部正綱ら駿河先方衆が先鋒を務め、勝頼をはじめとする諸将があった。とくに十六日には激戦となったようだが、信玄も出馬しての総攻撃により下旬には開城し、資良は遠州高天神城へと去って行った（静県7三五六四号）。

ついで徳一色城であるが、二月二十二日付けの高山大和守宛信玄書状によれば、「徳一色落居す。元来堅固の地利《ちり》に候の間、普請に及ばず。本城三枝土佐守、二・三の曲輪《くるわ》朝比奈駿河守・同名筑前守在城す。去る十五日清水《しみず》の津へ陣を移し、地利を築き、岡部豊前守以下海賊衆差し置き、今日納馬候」「そもそも八十日滞在し、敵城五ヶ所責め落とし候ところ」といっている（戦武一五一五号）。

これによれば、「今日納馬候」とあるので、八〇日におよぶ駿河遠征から、二十二日に甲府へ戻ったことがわかる。一月末に花沢城を攻略した後、二月に入って徳一色城に向かったところ、在城衆の長谷川正長《はせがわまさなが》らは花沢城落城の様子をみて、戦わずして遠江に逃れたようである（前田一九九四）。信玄はこれを田中城《たなか》と改め、「堅固の地利」、つまり堅固な城であるとして普請も行わず、本丸に三枝虎吉《さいぐさとらよし》、二・三の丸には朝比奈信置《のぶおき》・同輝勝《てるかつ》らを配置し、自身は十五日に清水湊に陣を移した。ここで信玄は「地利を築き」とあるので新たに江尻《えじり》城の築城を指示し（小川二〇一六、初出二〇一四）、岡部貞綱《おかべさだつな》らの海賊衆を置いて、甲府へと引き揚げたのである。

信玄は今回の第二次駿河侵攻により、蒲原城を攻略することで北条方の勢力を富士川以東に追いやり、さらに山西方面の今川勢力を一掃することで、富士川以西の駿河国をほぼ領国化することに成功した。こうして、信玄は前年の第一次駿河侵攻時の窮状を克服し、駿東から豆州方面へと、さらなる勢力の拡大を図っていくことになった。

信玄と三方原の戦い

元亀初年の信長と家康

義昭政権と信長

足利義昭《あしかがよしあき》によって再興された室町幕府と織田信長《おだのぶなが》とによって、引き続き三好《みよし》方との抗争が続いていたが、元亀元年（一五七〇）になると反信長勢力として、さらに浅井《あざい》・朝倉《あさくら》氏や石山本願寺《いしやまほんがんじ》が参戦することになった。そして家康もまた、これらの抗争に深く関わることになったのである。

この問題に先だって触れておくべきことは、当初蜜月の関係にあった信長と義昭との間が次第に不和となり、永禄十三年正月二十三日付けで信長は五ヵ条の条書を呈出した。日乗《にちじょうしょうにん》上人と明智光秀《あけちみつひで》宛であるが、義昭が袖に黒印を捺してその内容を承認している（信長文書二〇九号、図15）。

第一条では、義昭が諸国へ御内書を出す場合は信長の書状を添えることを求め、義昭の

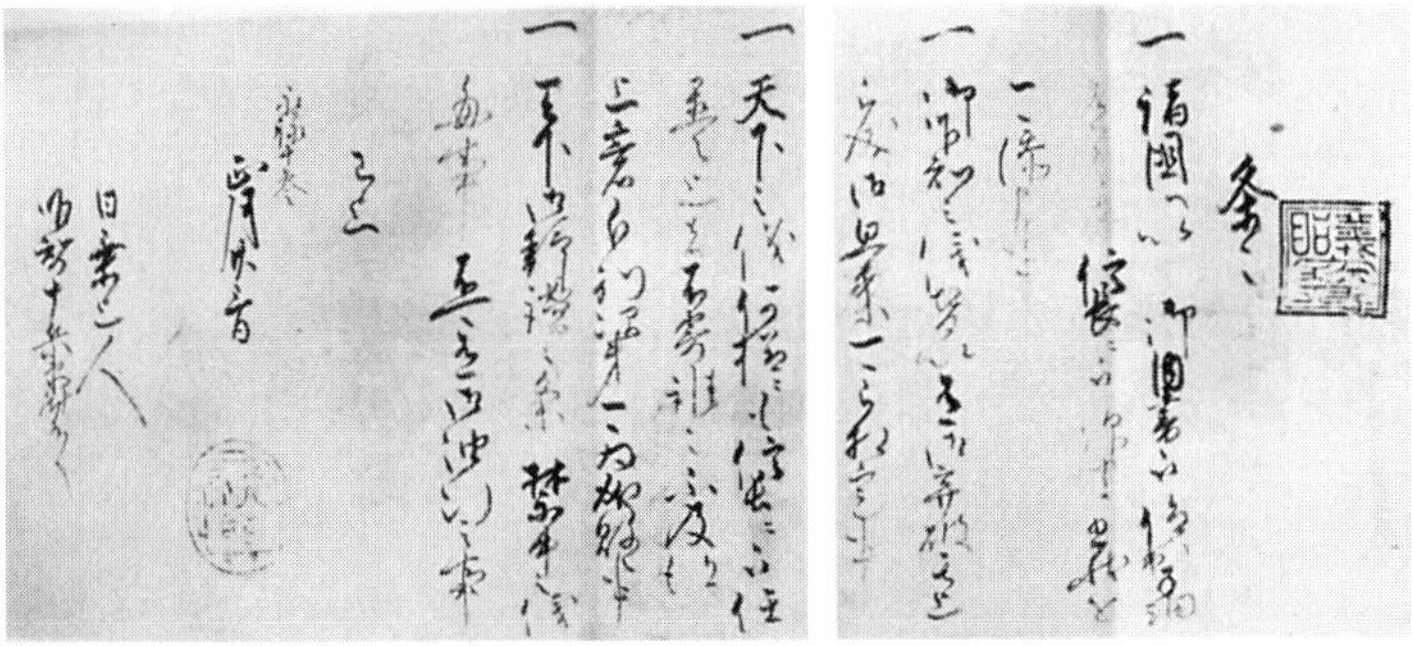

図15　足利義昭・織田信長条書（部分，石川武美記念図書館 成簀堂文庫蔵）

権限を制約している。とくに注目されるのは第四条である。そこでは「一、天下の儀、何様にも信長に任せ置かるるの上は、誰々に寄らず、上意を得るに及ばず。分別次第に成敗をなすべきの事」といっており、天下のことは本来は将軍の権限に属することではあるが、すべて信長に任せられたので、今後は義昭の意見を聞くまでもなく、信長の考えで成敗するとしているのである。

　同じく正月二十三日付けで諸国の大名《だいみょう》や国衆《くにしゅう》に上《じょう》洛《らく》を命じた信長触状は（同二一〇号）、まさにそのような権限を獲得した信長によって発せられたものである。すなわち、信長が禁中《きんちゅう》の修理や将軍の御用、そのほか天下静謐《てんかせいひつ》のために来月中旬に上洛するので、各々も上洛し、天皇や将軍に御礼（挨拶）するよう求めているのである。この触書の宛先は、畿内・近国を中心に、東は甲斐、西は備前・出雲にまで及んでいた。「徳川三河守殿　同三河・遠江諸侍衆」とあり、上洛命令は家康にも下された。

信長が上洛したのは、二月三十日のことであった（史料4—三七頁）。「総見記」によると岐阜《ぎふ》城に来ていた家康《いえやす》も御供したとするが（同一四五頁）、『信長公記《しんちょうこうき》』では「三河より家康公御在洛、門前に市をなす事なり」とあるだけで、同道したとはみえない。三月十七日には義昭が桜馬場で家康麾下の武将たちの乗馬を見学しているので（同一九五頁）、それ以前に上洛したことはたしかである。家康の上洛を伝え聞いた信玄《しんげん》は、四月十九日付けで家康の苦労を思いやる労いの書状を出している（同一四二頁）。

信長は将軍義昭のための二条御所《にじょうごしょ》の竣工を見届けて、四月二十日に若狭・越前をめざして京都から出馬した（同二九五頁）。二十三日には改元が行われ、元亀元年となった。『当代記《とうだいき》』では、四月二十日に信長が越前に出馬したとする記事の後に、「去るころ家康も上洛あり。同じく越前へ出張せしめ給う」とある。

信長の侵攻は当初は順調に進み、まず若狭の武藤《むとう》氏を降した。ついで越前敦賀《つるが》郡に進撃し、二十五日に手筒山《てづつやま》城（敦賀市）、翌日には金ケ崎《かねがさき》城（同）や引壇《ひきだ》（疋田）城（同）を攻略した。『原本信長記《げんぽんしんちょうき》』によると、手筒山城攻略に際しては、「徳川家康公南大手の口より攻め入られ候」といわれている（同三六三頁）。そこからさらに木ノ芽《きのめ》峠を越えて朝倉《あさくら》義景《よしかげ》の一乗谷《いちじょうだに》城（福井市）に向かおうとしたところで、義弟である浅井長政《ながまさ》逆心の報が入った。退路を断たれることを恐れた信長は急遽兵を引くこととし、金ケ崎城に木下秀吉《きのしたひでよし》らを残し、自らはいわゆる朽木《くつき》越えをして、晦日に京都に帰った。

信長はこの長政への報復として、六月に入ると浅井氏の小谷城《おだにじょう》（長浜市）攻めに向かい、二十八日に織田《おだ》・徳川《とくがわ》連合軍と浅井・朝倉連合軍とのいわゆる姉川《あねがわ》（長浜市）の合戦となった（同五五四頁）。先鋒を願い出た徳川勢の活躍もあり織田方の勝利となったが、『言継卿記《ときつぐきょうき》』では「徳川衆・織田衆も多く死すと云々」といわれていて（同五六五頁）、激戦であった。この時、中安兵部少輔《ひょうぶしょう》は家康の馬前で討死したため、家康はその戦功を賞して、八月十三日付けで子息満千代に知行《ちぎょう》を安堵《あんど》している（同五六〇頁）。なお、最近ではこの合戦について、浅井・朝倉軍の致命的な敗退ではなく、余力を残していたこと、確実な文献の読み直しと古戦場の地形の判断からすれば、姉川合戦は浅井勢の信長本陣への「奇襲」が真相であったといわれている（太田二〇一六）。

居城を浜松に

姉川の合戦に出馬する前といわれるが、家康は居城を岡崎《おかざき》から浜松《はままつ》に移した（史料4六一七頁）。その間の事情を、もっとも簡潔に記していると思われる『当代記』によれば、つぎのようにいわれている。

この六月、見付《みつけ》より浜松へ家康公移り給う。まず故飯尾豊前《いのうぶぜん》が古城に在城し、本城普請《ふしん》有り。惣廻《そうまわ》り石垣、その上何《いずれ》も長屋建てらる。見付普請相止めらる也。これ信長異見により此《かく》のごとくし給う。遠・三の輩、何も在浜松す。九月十二日、本城へ家康

図16　浜　松　城

公移らしめ給う。

新たに領国となった遠州経営のために、家康は居城を遠江に移すこととし、当初は前年秋より見付城（磐田市）の普請を始めた。見付は、古代には国衙《こくが》や国分寺《こくぶんじ》・国分《こくぶん》尼寺《にじ》が置かれ、鎌倉期以降の守護所もまた見付にあった。つまり、古代・中世を通じて、見付は遠江における政治の中心地だったことによる。

ところが、信長から天竜《てんりゅう》川を越えた東の地域では、万一の時の支援などで不都合を来すという異見が出され、見付城の普請は途中で中止となった。当時想定されていた敵とは、いうまでもなく、甲斐の武田氏だったからである。

このため、あらためて今川氏時代の飯尾

氏の引間《ひくま》城（浜松市中区）を改修し、これを浜松城と改称して、この六月に移ったのである。まず改修途上の引間古城に入り、おおよその改修工事がなった後、九月十二日に本城に移ったのであった。『家忠日記《いえただにっき》』によれば、その後も天正年間にかけて、たびたび増改築が行われていることがわかる。

逢左文庫所蔵の浜松城絵図によれば、「古城」とあるのが引間城跡で、現在東照宮《とうしょうぐう》が建っているところである。ここが東端で、浜松城はそこから西側の台地部分に大きく拡充して築城された。天正十四年（一五八六）に居城を駿府《すんぷ》城（静岡市葵区）に移すまで、家康はこの後一七年にわたり浜松城を本拠としたのである。なお、岡崎城は嫡男信康《のぶやす》に譲り、石川数正《いしかわかずまさ》・平岩親吉《ひらいわちかよし》らを付けて守備させた。

謙信との交渉

信長と謙信《けんしん》との交渉開始は、永禄七年（一五六四）六月以前にさかのぼるが（上越四一〇号）、どちらから接触を持つようになったかは不明ながら（栗原二〇〇〇）、武田氏への対抗を目的に開始されたとみられている（柴二〇一八）。同年十一月には信長の子息の謙信への養子縁組も図られたようであるが（上越四四二号）、これは実現しなかった。その後、信長と信玄との和睦が成立し、東美濃における脅威は減少したが、信長・謙信間の友好関係は継続した。これが元亀三年（一五七二）十月の信玄の遠江侵攻を契機に、あらためて対武田氏を目的とした軍事同盟へと発展することになった

図17　上杉謙信（長岡市常安寺蔵）

（上越一一三一・三二号）。

他方、家康についてみると、関係文書として表2を掲げたが、まず謙信との交渉開始の時期が問題になる。関連史料は1~3の三点であるが、二月十八日付けの前二者は内容からいって永禄十二年ということで確定されている。問題は三月十三日付けの後者で、永禄十一年か十二年かで見解が分かれている。『静岡県史』や『愛知県史』の資料編ではこれを永禄十二年とするが、『上越市史』では（永禄十一年ヵ）としている。

研究者では、管見の限りで栗原修・平野明夫の両氏が、これを永禄十一年としている（栗原一九九六、平野二〇一六d）。両氏ともほぼ同様の考察を行っているが、よりくわしい栗原説では、つぎのように述べられている。

①「雖未申通候（いまだ申し通《かよ》わさず候といえども―筆者）」とあるので、長親《ながちか》から忠次《ただつぐ》・家成《いえなり》に宛てた初信であり、家康から上杉方に使者が派遣されているので、交渉の発端は

表2　徳川・上杉両氏の交渉

番号	年　月　日	差　　出	宛　　先	出　典
1	(永禄12)　2. 18	家康（花押）	河田豊前守殿	661号
2	(永禄12)　2. 18	家成（花押）	河田豊前守殿	662号
3	(永禄12)　3. 13	長親（花押）	酒井左衛門尉殿 石川日向守殿御宿所	600号
4	(元亀元)　8. 22	輝虎（花押）	酒井左衛門尉殿	931号
5	(元亀元)　8. 22	輝虎	松平左近丞殿	932号
6	(元亀元)　8. 22	直江大和守景綱居判	石川日向守殿御宿所	933号
7	(元亀元)　8. 30	河田豊前守長親	松平左近丞殿御宿所	935号
8	(元亀元) 10.　8	家康（花押）	上椙殿	942号
9	(元亀元) 10.　8	家康（花押）	直江大和守殿	943号
10	(元亀元) 10.　8	権現堂叶（花押）	直江大和守殿参御宿所	944号
11	(元亀元) 10.　8	忠次（花押）	村上源五殿	945号
12	(元亀2)　2.　4	忠勝（花押影）	村上源五殿人々御中	1020号
13	(元亀2)　2.　6	家康（花押）	上杉殿	1022号
14	(元亀2)　3.　5	家康（花押）	上杉殿	1032号
15	(元亀2)　3.　5	家康（花押）	村上源五殿	1033号
16	(元亀2)　8.　1	謙信（花押影）	徳川三河守殿	1054号
17	(元亀2)　8.　1	謙信	上村出羽守殿	1057号
18	(元亀2)　8.　1	謙信（花押）	菅沼新八郎殿	1056号
19	(元亀2)　8.　1	謙信	松平和泉守殿	1055号
20	(元亀2)　9.　5	謙信	石川日向守殿	1063号
21	(元亀2)　9.　7	村上源五国清	松平左近将監殿	1064号
22	(元亀3)　①. 18	長親	権現堂御同宿中	1085号
23	(元亀4)　2.　4	家康	上杉殿	1138号
24	(元亀4)　2. 16	御名乗御書判	上椙殿	愛864号
25	(天正元) 12.　3	謙信御居判	松平左近允殿	1177号
26	(天正2)　正.　9	謙信（花押）	榊原小平太殿	1183号
27	(天正2)　正. 23	国清（花押）	榊原小平太殿御宿所	1185号
28	(天正2)　2.　7	謙信（花押）	酒井左衛門尉殿	1187号
29	(天正2)　3. 13	家康	村上源吾殿	1194号
30	(天正2)　3. 15	数正	村上源吾殿御報	1195号
31	(天正2)　7.　9	家康	上杉殿	1217号
32	(天正2)　7.　9	家康	上杉殿	1218号
33	(天正3)　6.　6	謙信（花押）	徳川三河守殿	愛1108号

注　出典には『上越市史』別編1の文書番号を入れ，『愛知県史』資料編11所収分は愛とした．

徳川氏からであったことがわかる。

②永禄十二年であることがたしかな二月二十八日付けの家成書状で、「貴札之旨令披露候（貴札の旨披露せしめ候—筆者）」とある貴札がまさにこの文書であるから、永禄十一年に比定される。

③家康は永禄十一年二月に武田氏と誓詞を交換して、今川氏攻撃を約定している。時期を前後して、家康が武田氏と敵対関係にある上杉氏と交渉を開始していることは、おそらく武田氏の勢力が遠江ひいては三河に及ぶことを警戒するためと思われる。

たしかに、①でいわれているように、上杉方との交渉は家康の方から申し込んだとみられるが、それ以外の主張には問題があると考える。まず、②では「貴札」がこの文書だとするが、前年の三月十三日付けの書状に対し、一一ヵ月も経った二月に家康に披露して返信するというのでは、あまりに遅すぎるのではなかろうか。ついで、③の家康と信玄との誓詞交換は、前章（五〇頁の項）で述べたように永禄十二年のことであり、この点は誤りである。また、この書状中で「駿州・貴州御間の儀」とあるが、永禄十一年三月であれば今川・徳川間で問題とすべきような特段の出来事はいまだ起こっていない。そうなると、その段階で家康から謙信に好を通じなければならないような動機が不明になる。

それでは、家康と謙信との交渉は、何を契機として始まったと考えるべきであろうか。

筆者はやはり、信玄と家康の今川領侵攻と、その過程で生じた確執がきっかけであったと考える。すなわち、前章で述べたように、永禄十一年十二月の今川領への同時侵攻の当初に、信玄が密約に反して秋山虎繁《あきやまとらしげ》の部隊を遠江に侵攻させた。これに対する家康の抗議によって、信玄は正月八日付けの家康宛書状（戦武一三五〇）で、遠州に野心はないと弁明し、秋山らを「当陣（駿府）」に引き揚げさせると伝えた。しかし、この一件により家康は信玄に対して強い不信感を抱き、おそらく年明け早々には、信玄と敵対していた謙信への接近を図ろうとするに至ったとみられる。

1の長親宛家康書状で「輝虎より御尋ね本望に候」といっているので、おそらく一月前半には好を通ずるべく、まず家康から謙信に使者が送られ、一月末か二月はじめに上杉方から返礼の使者が派遣され、その使者が持参した謙信の返信で、遠州侵攻後の情勢について、謙信から尋ねられたのであろう。その際、謙信から家康に対する返信とともに、長親から家成宛の副状《そえじょう》も到来したと思われ、2の長親宛家成書状でいう「貴札」とは、この副状を指すのであろう。そのように考えると、②のように、返信に一年近くもかかるというような不自然なことにはならず、長親の副状はただちに家康に披露され、二月十八日付けで家康とともに、家成も折り返し返信に及んだということになるのである。

このような推測を補強するような史料が、『上杉家御年譜二』（三一四頁）にみられる。

そこでは、「(永禄十二・二―頭註) 同月下旬、三州へ差越《さしこさ》る使節帰国す。家康使者に対し御饗応勝《あげ》て尽すべからず。御返答も尤《もつと》も懇切にして、河田豊前守処《ところ》まで到来す」といっている。つまり、「輝虎より御尋ね」という謙信書状を持参した使者が三河に派遣され、その使者が二月十八日付けの1・2の書状を受け取って、その月の内に越後へ戻ってきたということになる。謙信は元亀三年十月十八日付けの書状で「濃州へは当陣より五日路に候、参州へは七日路にも」といっており(上越一一三〇)、「当陣」とは出陣中の越中であるので、越後春日山《かすがやま》城(上越市)からよりは近くなるが、春日山城からであっても、三河まで十日もあれば到着したのである。なおまた、御返答も懇切で「河田豊前守処まで」といっていることからすれば、8・9や14・15にみられるように、今回も二月十八日付けの謙信宛家康書状があったものと推測される。

このように考えると、問題の三月十三日付け長親書状は、1・2を受けて出された永禄十二年のものとなる。そこで長親はあらためて家康から使者が遣わされてきたことを祝着だといい、今川・徳川間の問題についても使者の口上で聞いたとし、遠方ではあるが今後とも情報を寄せてほしいといっているのである。なお、冒頭の「いまだ申し通わさず候といえども」との初信文言は、家成とはすでに交信があったので、酒井忠次に対してのものとみればよいであろう。

謙信との同盟

翌元亀元年（一五七〇）になると、徳川・上杉両氏の交渉は一気に加速した。家康から使僧権現堂《ごんげんどう》（叶坊光播《かのうぼうこうばん》）が送られ、上杉方ではこれを歓迎して、八月二十二日付けで4の酒井忠次宛輝虎書状、5の松平真乗《まつだいらさねのり》宛輝虎書状、6の石川家成宛直江景綱《なおえかげつな》条書が出された。三十日付けで7松平真乗宛河田長親《かわだながちか》書状も出されている。景綱の条書は五ヵ条からなるが、その五条目の割注には、互いに誓詞《せいし》を取り交わすべきかどうかと書かれている。

この誓詞の交換は実現し、家康は信玄を見限り、対武田氏を目的とした攻守同盟が成立した。義昭の要請による畿内への出馬という時期ではあったが、十月八日付けで8の謙信宛起請文を出した。内容は二ヵ条あり、条文だけをあげるとつぎのごとくであった。

一信玄へ手切れ、家康深く存じ詰め候間、少しも表裏打ち抜き、相違の儀有るまじく候事

一信長・輝虎御入魂候様に、涯分意見せしむべく候。甲・尾縁談の儀も、事切れ候様に諷諫《ふうかん》せしむべく候事

一条目では信玄とは明確に「手切れ（断交）」することを誓い、二条目では信長と輝虎とが「入魂」になるよう取り持ち、武田・織田間の縁組も、破談になるよう信長に「諷諫（遠回しにいさめること）」するといっている。同じ十月八日付けで、9直江景綱宛家康書

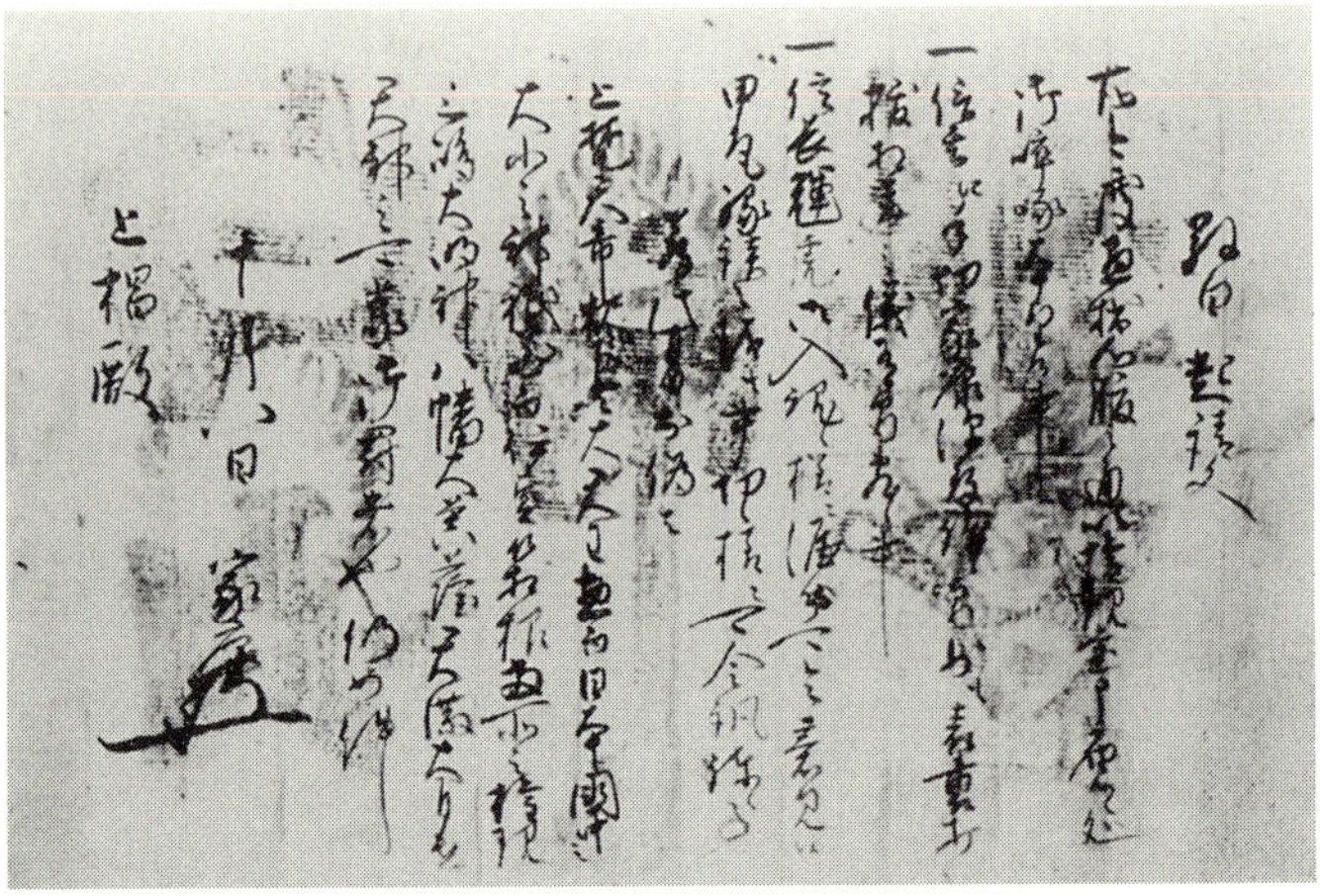

図18　上杉氏宛徳川家康起請文（米沢市上杉博物館蔵）

状・10同宛権現堂書状・11村上源五宛酒井忠次書状も出されていて、しっかりした同盟の成立であった。

　その後も表2にみられるように、かなり頻繁で友好的な交信が続いたが、その具体的な内容については、ここでは割愛することとする。徳川・上杉両氏の交渉で現在確認される最後のものは、長篠《ながしの》合戦の戦勝を祝う天正三年（一五七五）六月六日付けの33家康宛謙信書状である。これ以後交信が途絶えるようになったのは、両氏の間に直接の原因があったわけではなく、この年八月に織田・上杉両氏間で、加賀・能登両国が両勢力間の境目地域となって緊張を生じ、やがて戦争へと発展したためであった（柴二〇一八）。

畿内情勢と家康

元亀元年七月になると、畿内では阿波から摂津に入った三好《みよし》三人衆の活動が活発になってきた。二十一日には中島に陣を取り、野田《のだ》（大阪市福島区）・福島《ふくしま》（同）に砦を構えた（史料4六五一頁）。岐阜から京都に入った信長は八月二十五日に出陣し、さらに大坂に進んで天王寺《てんのうじ》に陣を取った（同八〇五頁）。義昭も三十日に幕府軍を率いて京都を発ち、山城勝龍寺《しょうりゅうじ》城（長岡京市）から摂津中島《なかしま》城（大阪市淀川区）に移った（同八一七頁）。これに加勢するため、紀州根来《ねごろ》寺（岩出市）の衆徒も摂津にやって来た。九月十二日には信長と義昭はともに野田・福島から北へ一〇町ほどの海老《えび》江《え》（大阪市福島区）に陣を取り、両砦への攻撃を行った（同八四六頁）。

ところが、同日夜に大坂本願寺《ほんがんじ》が三好三人衆らと通じて兵を挙げ、織田方の陣に夜討をかけた（同八五六頁）。織田方や幕府軍の大軍による三好方への攻撃に不安を募らせた本願寺顕如《けんにょ》は、九月に入ると諸国の門徒に檄《げき》を飛ばすとともに、十日には浅井久政《あざいひさまさ》・長政《ながまさ》父子宛に、その働きかけに応ずる書状を出していたのである（同八五五頁）。この本願寺の挙兵に呼応して、浅井・朝倉勢が南近江に進撃した。二十日には宇佐山《うさやま》城（大津市）を攻撃し、織田信治《おだのぶはる》・森可成《もりよしなり》を討取り、坂本《さかもと》（大津市）に陣を敷き、二十一日には逢坂《おうさか》峠を越えて山科《やましな》（京都市山科区）・醍醐《だいご》（同伏見区）を焼き払った（同八九六頁）。

注進を受けた信長は、挟撃を受けることを恐れて野田・福島の囲みを解き、二十三日に義昭とともに京都へと撤退した（同九三二頁）。翌二十四日に信長はさっそく坂本に兵を出すが、朝倉勢は比叡山《ひえいざん》に逃れ、ここで宇佐山城によった信長と、浅井・朝倉勢・比叡山とは、十二月半ばまで対陣することになった。これを「志賀《しが》の陣」という。結局、十二月に入って朝廷からは勅使《ちよくし》が下され、義昭もまた調停を行ったことで和睦が成立した。信長は十四日に岐阜に帰り、浅井・朝倉氏もそれぞれ領国に帰った（史料5一六六頁）。

この間、義昭は九月十四日付けで家康に対し御内書《ごないしよ》を発給し、中島表に進発したこと、信長の働きで近く敵を討ち果たすだろうことなどを伝え、その上で「この節、家康参陣を遂げ、軍忠を抽《ぬきん》ずれば、悦喜すべく候」と、家康の参陣を求めている。信長は無用だといっているが、以前からの約束により、時日を移さず参陣するよう要請しているのである（史料4八八三頁）。家康が実際に参陣したことは、十月二日付け信長書状に「徳川三河守着陣候」とあることからわかるので（史料5一一頁）、この時の家康の出馬は義昭の要請に基づくものであった（平野二〇〇六、柴二〇一四、初出二〇一二）。

なお、御内書では宛先が、「松平蔵人とのへ」となっている。これは家康の「従五位下《じゆごいのげ》三河守」叙任や「徳川」改姓が、将軍不在期のため近衛前久《このえさきひさ》によって行われ、将軍の許諾を得たものではなかったこと、また、前久は足利義栄《あしかがよしひで》の将軍宣下にも携わっており、義昭にとってはいわば政敵であったことなどから、義昭が「徳川三河守」とは認めなかったことによるものである（柴、同）。

元亀元年末の和睦は、もとより長陣を解消するための一時的なものにすぎず、翌元亀二年にも信長をめぐる戦いが続いた。二月に入ると浅井長政の家臣で近江佐和山《さわやま》城（彦根市）の磯野員昌《いそのかずまさ》が、籠城戦で兵粮が尽き、信長に降った。信長は佐和山城には丹羽長秀《にわながひで》を入れ、員昌を高島《たかしま》郡に移した（史料5九三七頁）。五月には長政が姉川《あねがわ》に陣して反撃に及んだが、これは横山《よこやま》城（長浜市）の木下秀吉によって退けられた（史料6二一三頁）。同月、信長は伊勢長島《ながしま》（桑名市）の一向一揆《いっこういっき》を攻めるが、退却の際に殿《しんがり》を務めた氏家卜全《うじいえぼくぜん》は討死し、柴田勝家《しばたかついえ》は負傷するなど、織田方の敗北に終わった（同二二九頁）。九月には、前年浅倉・浅井勢に与《くみ》した比叡山延暦寺《えんりやくじ》を囲み、十二日に山下の坂本から放火し、全山を焼き払った（同八五四頁）。このように、信長の戦いは、やむことなく続いたのであった。

元亀初年の信玄

第二次駿河侵攻による戦勝で、信玄は富士川《ふじがわ》から西の駿河国をほぼ領国化することに成功した。これによって、北条方の勢力は富士川以東に追いやられ、興国寺城《こうこくじ》（沼津市）と深沢城《ふかさわ》（御殿場市）とが武田氏に対する最前線の拠点となった。

駿東・伊豆方面への侵攻

元亀元年（一五七〇）四月になると信玄は早くも行動を起こしたようで、四月二十日付け謙信宛氏政書状によれば、「甲州衆富士口へ出張」との興国寺城からの注進を受け、氏政は「定めて興国寺城か、然らざれば豆州に至り働くべく候」との見通しを謙信に伝えている。そこでもまた、氏政は「信州口へ御出勢専一に候」と求めているが、謙信がそれに応ずることはなかった（戦北一四二二号）。ただし、他方で北条から上杉への養子縁組問題は進展し、氏康の子息三郎が四月十日に沼田城《ぬまた》に着き、翌日には謙信と対面した（上越九〇六号）。十八日には謙信とともに帰府し、二十五日に春日山城《かすがやま》内で祝儀が行われ、三郎は景虎《かげとら》と名乗ることになった（上越九一三・一四号）。

八月に入ると武田軍の侵攻は本格的になり、信玄は黄瀬川《きせ》（沼津市）まで進出して陣を取り、興国寺城はもとより、九日には山県昌景《やまがたまさかげ》・小山田信茂《おやまだのぶしげ》・伊奈四郎《いなしろう》（武田勝頼）らが伊豆の韮山城《にらやま》（伊豆の国市）から一里ほどの町庭口というところまで押し寄せた。城内からも軍勢を出して応戦し、十二日には韮山口での合戦となった。韮山城には北条氏規《うじのり》・六郎をはじめ清水・大藤・山中・倉地・大屋らが籠城し、北条方は武田方の攻勢によく耐えた（戦北一四三四・三五号）。その後、九月になると信玄は信州岩村田《いわむらだ》（佐久市）方面に向ったために（上越九三八号）、北条方にとっては、ひとまずこの地域での脅威は免れることになった。

しかし、それはつかの間のことに過ぎず、十二月に入るとふたたび武田軍の侵攻が始まった。今回は駿河の御厨地域が主眼で、信玄の目標は深沢城であった。十八日には須走《すばしり》（静岡県小山町）の滝ノ沢を越えて、阿多野原《あだのばら》（同）から深沢城へ向って軍勢を進めた。北条方では足柄城《あしがら》（同）の在番衆をもって深沢城の後詰《ごづめ》（後方支援）にあたらせることにしたが、御一家衆の北条氏光《ほうじょううじみつ》や大藤政信《だいとうまさのぶ》・岡部和泉守らであり（戦武一三五八・六三号）、その多くは薩埵山で在番していた面々であった（黒田二〇〇一、初出一九九六）。

信玄は深沢城を包囲したまま越年し、明けて元亀二年正月三日には長文の矢文を城内に送り、守将の北条綱成《つなしげ》らに降伏を勧告したという（戦武一六三九号）。この矢文の真偽については定かでないが、他方で、甲斐の中山金山《なかやま》から動員した金堀衆《かなほりしゅう》により本丸《ほんまる》近くまで横穴を掘り進めて降伏を促したともいわれていて、二月十六日付けの武田家朱印状によれば、「中山の金山衆拾人」宛に深沢城での奉公を賞し、御褒美として「籾子一五〇俵」が下し置かれている（戦武一六五三号）。

北条方では今回の後詰の一戦を当方の安危にかかわるものとし、諸将に対して身命を抛《なげう》って奮闘することを求め、恩賞は戦功次第で望みに任せるとまでいっていた（戦北一四五四〜五七）。しかしながら、正月二十日付け謙信・景虎宛の氏政書状によれば、氏政は後詰のため十日に小田原から出馬し、武田軍に対して五里足らずのところまで陣を寄せたのであるが、金堀衆が「本城の外張《とばり》」まで迫ったため、「城主後詰を待たず了簡に及ばず、自分の扱いを以て去る十六出城せしめ候」とあるように、守将の綱成は氏政の後詰があったにもかかわらず、自身の判断で十六日に開城してしまった（戦北一四六二号）。これによって、北条方は御厨《みくりや》地域を失うことになった。

信玄の攻勢は興国寺城へも併行して行われ、正月十二日付けの垪和《はが》氏続《うじつぐ》・同善次郎宛氏政感状写によれば、武田軍は数百人も本城にまで取り入り、氏続自身が太刀を振るって奮戦するという有様であった。しかし、敵を五〇余人も討ち捕え、城内を堅固に守ったとしてその戦功を賞し、善次郎も敵一人を討取ったとして高名比類なしといっている（戦北一四五九・六〇号）。興国寺城がその後も持ちこたえたことは、七月朔日付けの垪和氏続宛北条家朱印状写で、「興国寺只今在城」とあることからわかる（戦北一四九三号）。そこには「平山へもこの筋目をもって申し付け候条」ともあり、御厨地域からの武田方の攻撃に対処するために、新たに平山城が取り立てられたことがわかり、ここにいう平山城とは、千《せん》福《ぶく》城（裾野市）のことであるといわれている（黒田、同）。こうして、深沢城を落としたことで、駿東地域においても武田氏の勢力が確実に浸透していったのである。

なお、これはすでに拙著で述べていることであるが、これまで元亀二年三月から五月にかけて、信玄は遠江の高天神《たかてんじん》城（掛川市）などに迫り、さらに東三河の足助《あすけ》城（豊田市）や野田《のだ》城（新城市）などを落とし、吉田《よしだ》城（豊橋市）に攻勢をかけたといわれてきたが、その主要な関係文書の年次が天正三年（一五七五）と改められたため（鴨川二〇〇七a、柴二〇一四、初出二〇〇七）、元亀二年の信玄による遠江・三河への出兵はなかったことが明らかになっている。それにもかかわらず、このような研究史に学ばず、今なお、元亀二年に信玄による大がかりな三河侵攻があったとか、足助城を攻略したなどとするような叙述がみられるのは問題である（小和田・笹本二〇一六）。

甲相同盟の復活

元亀二年には信玄にとってはもとより、その後の歴史の展開に大きな影響を与えることになる出来事があった。いわゆる甲相《こうそう》同盟が復活したことである。その契機は、越相《えつそう》同盟を主導し、武田氏に対してきびしい態度で臨んでいた北条氏康が、十月三日に死去したことにあった。当主の氏政は正室が信玄の娘黄梅院殿《おうばいいんでん》であったため、越相同盟については当初より消極的だったようで、氏康の死去により外交路線の転換が図られ、十二月に謙信に対して「手切《てぎれ》（断交）の一札《いっさつ》」を送付し、同盟の破棄を通告したのである。

この間の経緯は、翌元亀三年正月十五日付けの由良成繁《ゆらなりしげ》・国繁《くにしげ》父子宛氏政条書に詳しい（戦北一五七二号）。由良成繁は越相同盟の仲介者だったため、これを破棄して甲相同盟を結ぶことを知らされていなかったので面目を失うと厳重に抗議したようである。これに対して氏政は、「同名をはじめ家老の者、旧冬廿七、初めて申し聞かせ候」と、主立った者たちにも二十七日になって初めて知らせたのだと弁明に努めている。そして、北条・上杉双方で取り交わされた「手切の一札」を「披見に入る事」として、成繁に示している。

他方、武田氏との間では新たに領土を確定する「国分《くにわけ》」が行われた。右の条書に、前々から武田氏が抱えていた西上野を除き、「関八州に甲（武田方）より綺《いろい》（干渉）これなく候」とあり、西上野を除く関東は北条方、駿河は武田方となった。この同盟の成立を受けて、北条方ではさっそく対応したことが、正月八日付けの小幡《おばた》憲重《のりしげ》・信真《のぶざね》父子宛信玄書状により知られる（戦武一七六九号）。すなわち、氏政が前非を悔い懇願してきたので和睦を遂げたといい、その上、北条氏は興国寺城を引き渡し、平山城を破却したといっているのである。ただし駿河の内、およそ狩野《かの》川左岸地域と黄瀬《きせ》川下流の左岸地域は、そのまま北条氏領として存続した（黒田、同）。国分の境界は、狩野川と黄瀬川であった。なお、関八州は北条領とされたが、武田氏が御嶽《みたけ》城（埼玉県神川町）を引き渡したのは、十一月十五日付けの由良成繁書状で、「御嶽一昨日南方へ御請け取り候」といっているように、かなり遅れて十一月のことであった（群県二六七二号）。

図19　北条氏政（箱根町早雲寺蔵）

　この時期の武田氏にとって、もう一つ大事なこととして、信玄の後継者問題にかかわる勝頼の甲府入り、武田復姓の時期の問題がある。これまでは元亀二年とみられてきたが、最近では一年前の永禄十三年（元亀元）とする説があらわれている（丸島二〇一七a）。同年四月十日付け一色藤長《いっしきふじなが》宛信玄条目五ヵ条のうち、三条目に「愚息四郎官途并《かんとならび》に御一字の事」とあり、信玄が将軍義昭に対して、勝頼の官途吹挙《すいきょ》と偏諱《へんき》拝領を求めていることがその根拠である。この要請は実現しなかったのであるが、このようなことを求めること自体が、勝頼の立場が家督候補であったことを示しているとみるのである。

飛騨・東美濃の情勢

天文～永禄年間の飛騨国は、北飛騨を本拠とする江馬《えま》氏、南飛騨を本拠とする三木《みつき》氏の両氏によって勢力が二分されていた。しかし、ここでも有力大名の境界の国衆によくみられるように、武田・上杉両氏との関係で、離合集散がみられた。とりわけ、永禄七年（一五六四）の武田方の飛騨進出により、江馬氏では時盛《ときもり》・輝盛《てるもり》父子間で対応が分かれ、時盛は信玄に与し、輝盛は三木良頼《よしより》と結んで謙信を頼った。当時、信玄と謙信とは第五次川中島《かわなかじま》合戦中であったが、謙信は越中衆を送って支援をしている。結局、この時は時盛が誓詞・証人（人質）を出して和睦することになった（上越四三九・四〇号、四四六号）。

他方、東美濃にある岩村《いわむら》城の遠山景任《とおやまかげとう》と苗木《なえぎ》城の遠山直廉《なおかど》の兄弟が、永禄末年には武田・織田両氏にいわば「両属」していたことはすでに前章で述べた。それによって、この地域には、ともかくも「平和」な状況が維持されていたのである。

図20　苗木城跡

この時期に、永禄十二年二月二十七日付けの謙信宛および村上国清《むらかみくにきよ》宛三木良頼書状によれば、前年末の信玄による駿河今川領侵攻に際して、遠山氏が武田氏に援軍を送っていたという興味深い事実がみられる（上越六六六・六六八号）。いずれも長文の書状で、前者は五ヵ条、後者は七ヵ条となっているが、ほぼ同内容である。その二条目に、「駿（今川）・甲（武田）取り合いの儀」、つまり信玄の駿河侵攻時の状況が的確に述べられている。

この書状は謙信からの問い合わせに答えたものであるが、南飛驒の三木氏が、どうして信玄の駿河侵攻時の状況を正確に答えることができたのであろうか。実は、右の書状二条目の末尾に、「東美濃遠山、人数少々立て置き候。彼の者共帰陣候て、申し鳴く分此《かく》のごとく候」とあり、遠山氏は若干の軍勢を信玄のもとへ送っており、彼らが帰陣して情況報告をし、三木氏はそれを遠山氏から聞いていたのである。信玄に従属している遠山氏が、謙信に通じている三木氏に武田方の情勢を報じており、境界の国衆間では政治的立場を越えて、情報の交換が行われていたのであった（小笠原二〇一一b）。

元亀年間に入っても、東美濃の情勢に大きな変化はなかったが、同三年に至って激変が起こった。すなわち、苗木城の直廉が五月十八日に、岩村城の景任が八月十四日に、相次いで病死したのである。この機に乗じて動いたのは信長で、織田信広《おだのぶひろ》（信長の庶兄）と河尻秀隆《かわじりひでたか》の軍勢を派遣し、両名に男子がいなかったため、岩村城には信長の子息御坊丸《ごぼうまる》（のち信房《のぶふさ》）を入部させ、苗木城には飯狭間《いいはざま》遠山友勝《ともかつ》を入れた。これによって、遠山領は完全に織田領国に組み込まれ、遠山氏の「両属」関係は崩壊した。信長の軍勢派遣の時期は、最近では信玄の出馬により敵対が明らかになって以降とみられている（丸島二〇一七a）。このような信長による遠山氏家督への強引な介入に対して、岩村城の遠山一門中の親武田派が反発し、武田氏の支援を求めて自発的に開城・従属することになった。

信玄の出馬

信玄が大きな軍事行動に出る際には、進撃方面への調略を行うことを常としていたが、元亀三年（一五七二）十月三日の出馬に際しても同様であった。七月には奥三河の山家三方衆《やまがさんぽうしゅう》（作手《つくで》の奥平《おくだいら》氏、田峯《だみね》と長篠《ながしの》の菅沼《すがぬま》氏）を従属させた。七月晦日付けの奥平定能《さだよし》宛信玄定書写によれば、東三河の本領や西三河・遠江の旧領などを安堵し、さらに新地については三方で話し合ってしかるべく配当するよう指示している（戦武一九二九号）。これは徳川方国衆への調略であり、家康も「今度三方逆心」といっている（愛県八四六号）。

九月二十六日付けの山村良利《やまむらよしとし》宛信玄判物写によれば、「飛州の調略、別して馳走、祝着に候」といって、木曾義昌《きそよしまさ》の家老山村良利の飛騨における国衆調略を賞し、美濃で知行地一所を与えるといっている（戦武一九五六号）。同日付けで美濃郡上《ぐじょう》の遠藤勝胤《えんどうかつたね》に対しても、使者を送り従属したことに応え、信州で一〇〇貫の地を宛行《あてが》っている（戦武一九五八・五九号）。このように、進撃方面への調略は、抜かりなく進められていた。

他方で、この七月に、信玄は天台座主《てんだいざす》覚恕《かくじょ》の斡旋により権僧正《ごんのそうじょう》に任ぜられた（史料9四二一頁）。七月二十六日付けの庁務法眼御房宛信玄書状によれば、「門主（覚恕）よりの尊書謹んで頂戴候。よって僧正の事、御申し調《ととの》うの由、忝《かたじけな》く候」「誠に冥加《みょうが》の至りに候」といっている（戦武一九二六・二七号）。

今一つ注目すべきことは、この時期八月から九月にかけて、信玄は義昭の命を受けて、信長と本願寺顕如《ほんがんじけんにょ》との和睦仲介に携わっていたことである（史料10六一一頁）。八月十三日付

図21　顕　如（金沢市専光寺蔵）

けで本願寺関係者宛の信玄書状が二通あって、そこでは京都の将軍から両使が下され、「貴寺・信長和平の儀、信玄媒介致すべきの旨、仰せ出され候。斟酌《しんしゃく》候といえども申し述べ候。将軍の命に応ぜられ尤もに候」といい、返答を求めている。これに対して顕如は、九月十日付けの信玄宛返書で、信長への遺恨は深いが、「然りといえども、貴辺の儀、贔屓偏頗《ひいきへんぱ》の御調略有るべからざるの条、この旨趣により使者を以て申し展《の》ぶべく候」と、受け入れる意向を示した。

信玄の正室は三条氏であるが、顕如の室如春尼《にょしゅんに》はその実の妹であり、信玄と顕如とは義兄弟の関係にあった。また、元亀二年には朝倉義景《あさくらよしかげ》の娘が顕如の嫡男教如《きょうにょ》と婚約するというように、信玄と義景との関係は本願寺を媒介として生じたのである。そのため、信玄が出馬にあたってもっとも頼みにしたのは、顕如と義景であった。

義昭が信玄に信長と本願寺顕如との和睦の仲介を命じたのは、そのような信玄と顕如との繋がりがあったためである。しかしながら、この和睦が成立することはなかった。九月五日付けの島氏宛浅井長政書状写によると、「随って、甲州信玄当廿日以前、遠州表に至り出馬相究め候。誓詞等相越され、厳重の様子に候」といわれている（愛県一〇〇三号）。すなわち、信玄は長政に誓詞を送り、九月二十日以前に遠州へ出馬すると告げていたのである。出馬を決断したのは八月中とみられるので、ちょうど和睦仲介の時期と重なっており、まさに表裏の対応であった。

実際の出馬は九月よりやや遅れて十月になったが、関係する信玄書状は十月朔日付け二通（戦武一九六四・六五号）、十月三日付け二通（戦武一九六七・六八号）、合わせて四通残されている。このうち原本が残されているのは十月三日付けの朝倉義景宛書状のみであり（戦武一九六七号）、その外の三通は写で、しかも偽文書の可能性が高いと指摘されている（鴨川二〇一五）。それゆえ、原本が残されている義景宛書状によって考察しなければならない。

それによれば、越中方面への対応で出陣が遅れているとした上で、「人数悉《ことごと》く廿七・今月朔日立ち遣わし候、信玄は只今出馬せしめ候」といっており、実際の出馬は十月三日になった（史料10一七六頁。ただし、史料には原本の書状は掲載されていない）。おそらく九月二十七日に山県・秋山の別働隊が先行出陣し、ついで十月朔日には信玄本隊の先鋒隊が出陣したと思われ、信玄自身は三日に出馬したのである。これを聞いた謙信は、十月十八日付けの河田重親《しげちか》宛書状で、信玄が信長・家康を敵にまわしたことにつき、「かつうは擬《あてが》いなきか、かつうは信玄運の極みか、（略）偏《ひとえ》に当家の弓矢わかやぐべき瑞相に候」といい、蜂の巣に手を突っ込んだようなものだともいっている（上越一一三〇号）。

信玄の遠江侵攻経路

ところで、信玄が三日に甲府から出馬し、十日に遠江に侵攻したことは、十一月十九日付けの朝倉義景宛信玄書状で、「去る月三日甲府を出で、同十日当国へ乱入し」といっていることから明らかである（戦武一九八九号）。信玄は、いったいどのようなルートを経て、遠江に入ったのであろうか。これまでの通説（定説ともいうが、ここでは通説とする）の形成に大きな影響を与えたのは、高柳光寿氏の『戦国戦記三方原の戦』であった（高柳一九五八）。そこでは、この時の作戦と経過をつぎのように述べている。

侵攻経路の新説

第一に、信玄は十月三日に甲府を発し、十日に青崩《あおくずれ》峠（信濃と遠江の境界）を越えて信濃から遠江に入った。第二に、山県昌景《やまがたまさかげ》は先手として九月二十八日に甲府を発して三河に入り、山家三方衆《やまがさんぽうしゅう》を先鋒として吉田（豊橋市）を奪い、ついで遠江に入って井平《いだいら》（浜松市北区）を陥れ、二俣《ふたまた》（浜松市天竜区）で攻囲軍と合流した。第三に、山県隊とは別に秋《あき》山信友《やまのぶとも》（現在は虎繁《とらしげ》とする）を美濃に侵入させ、信友は十一月十四日に岩村《いわむら》城（恵那市）を攻略した。そしてこれらの諸点は、ついこの間まで、研究書・概説書を問わず、ほぼ一致して踏襲されてきた（柴辻・平山二〇〇六など）。

これに対して、柴裕之氏が従来の通説を大幅に改める新説を出された（柴二〇一四、初出二〇〇七）。そこでは、信玄本隊は青崩峠を越えて信濃から遠江に南下してきたといわれてきたが、駿河から遠江へと西進してきたこと、山県昌景・秋山虎繁らが率いる別働隊は、信州伊那から青崩峠を越えて三河・遠江へと進軍し、二俣城攻略に向かったこと、秋山は山県隊と行動をともにしており、この時には東美濃には向かっておらず、岩村城の遠山氏は武田氏に自発的に従属したこと、などを指摘された。

筆者はこの柴氏の新説を支持し、武田氏の朱印状《しゅいんじょう》など発給文書《はつきゅうもんじょ》の月日を地図上に落とすことで、信玄本隊は駿河から遠江に入り、海岸伝いに進んで高天神城（掛川市）を降した後、袋井《ふくろい》（袋井市）から見付《みつけ》（磐田市）へと進軍したことを明らかにした（本多二〇一〇、図26）。この柴氏と筆者の新説は、つぎのような諸史料を根拠としたものである。

まず、『当代記《とうだいき》』によると、つぎのように記されている。

十月、武田信玄遠州に発向す。高天神表を通り、見付国府へ打ち出さる。見付には浜松より人数置かるるといえども、無勢の間引き退く。信・甲衆見付の古城普請の体を見て、夥しきことと云々。信玄二俣へ押し寄せ、攻めらる。十月、山県三郎兵衛・秋山伯耆三千余り、三河へ打ち出し、三河の山家三方信玄に属す。長篠に陣を取り、野田へ相働き放火す。遠州の山家井平へ打出て陣を取る。（中略）十月、岩村城信玄に属するの間、井平陣中より信州衆下条伊豆守を東美濃へ遣わし、岩村に在城す。

ついで、山家三方衆の奥平道紋《おくだいらどうもん》（定勝《さだかつ》）宛の信玄書状である（戦武一九七六号）。

兼日の首尾に違わず、各《おのおの》の忠節誠に感じ入り存じ候。向後においては、日を追って入魂せしむべき存分に候。いよいよ戦功専要に候。当城主小笠原悃望《おがさわらこんもう》候間、明日国中《くになか》へ陣を進め、五日の内に天竜川を越え浜松に向け出馬し、三ヶ年の鬱憤を散らすべく候。なお、山県三郎兵衛尉申すべく候。恐々謹言。（傍線は引用者）

十月廿一日　　信玄（花押）

道紋（奥平定勝）

さらに、武田氏の発給文書である。

日付	受取人	内容	奉者	出典
a十月十四日	（白羽《しろわ》社）	朱印状（神主を赦免）	市河宮内助	戦武一九七四号

b	十月十九日	花厳院《けごんいん》	禁　制	（袖上に朱印）		静県8五三四号
c	十月廿八日	可睡斎《かすいさい》	禁　制	（袖上に朱印）	市河宮内助	戦武一九七九号
d	十一月一日	妙恩寺《みょうおんじ》	禁　制	（袖上に朱印）	土屋右衛門尉	戦武一九八一号
e	十一月二日	秋葉寺《しゅうようじ》	判　物	（社領を安堵）		戦武一九八三号

これらによると、信玄本隊は明らかに東海道筋を進軍して駿河から遠江へ入り、海岸沿いに進んで高天神城の小笠原氏助《うじすけ》を降し、見付方面へ向かったとみなければならない。当初は道紋宛信玄書状にみられるように、高天神城を降した信玄は、五日のうちに天竜川を越えて浜松に向かうといっていた。しかし、その後予定を変えたようで、十一月七日付けの穴山信君《あなやまのぶただ》書状は匂坂《さぎさか》（磐田市）の陣中から出されているので（静県8五四二号）、天竜川沿いに北上して、二俣城攻めに向かったのである。

他方、山県・秋山が率いる別働隊は、青崩峠ないし兵越《ひょうごし》峠を越えて遠江に入り、浦川《うらかわ》（浜松市天竜区）から三河へと向かい、長篠《ながしの》（新城市）に陣を張って野田《のだ》城（同）などを攻めた。野田城の守将は菅沼定盈《すがぬまさだみつ》で、菅沼一族の多くが武田氏に降ったにもかかわらず、定盈は徳川方であった。その後、別働隊は伊平《いだいら》を経て二俣城へと向かい、信玄本隊と合流したのである。これらの動きを、拙著での図26を若干修正してあらためて図示すると、図22のごとくである。

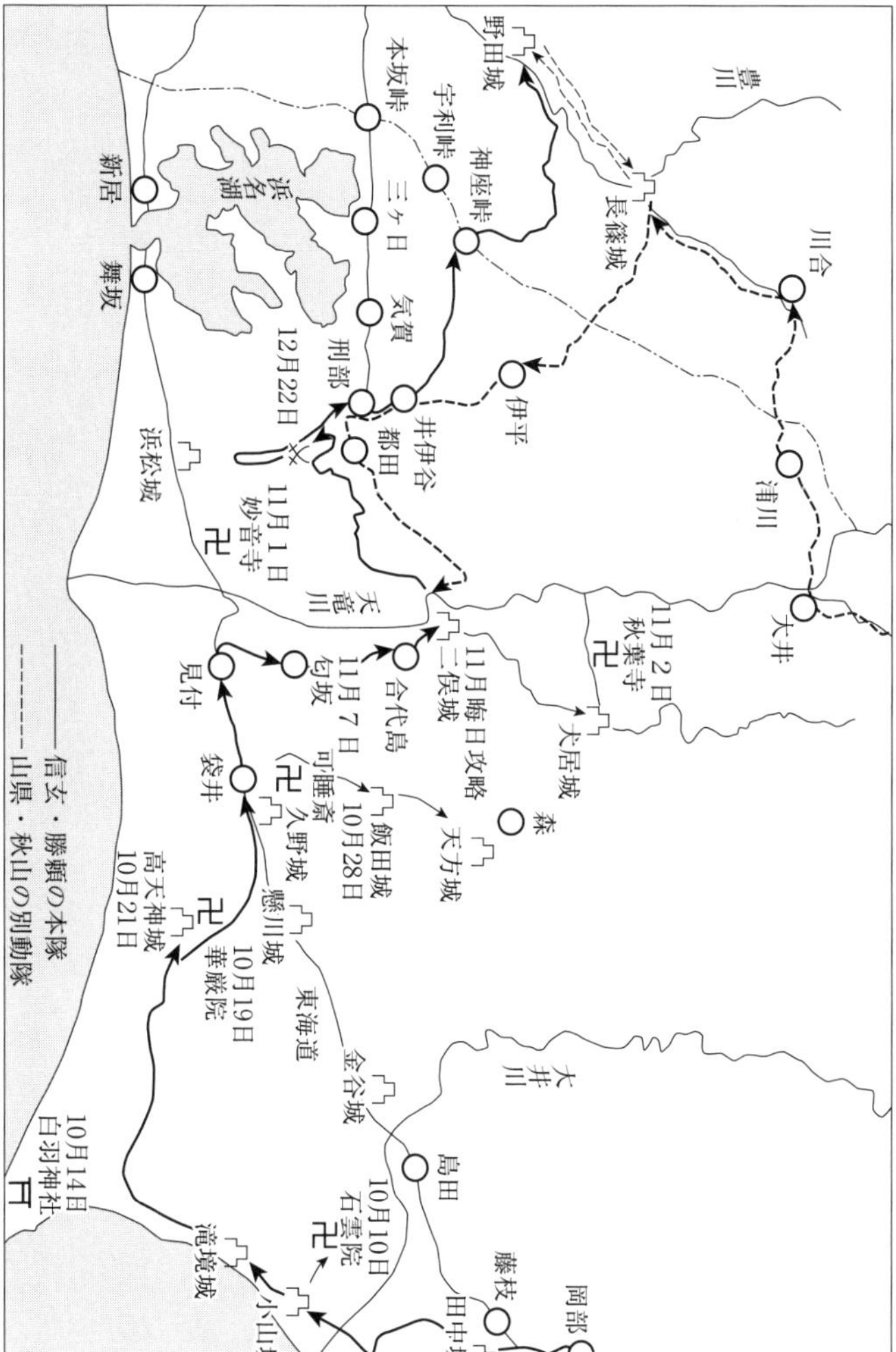

図22　武田軍の遠江・三河推定侵攻ルート

鴨川氏の新説批判

信玄の遠江への侵攻経路に関するこの新説は、鴨川達夫氏から批判を受けることになった（鴨川二〇一二）。研究者による論争とはどのようなものか、その一例として、やや煩雑になるがここで取りあげてみたい。できるだけ話を簡明にするために、秋山虎繁によるとされる別働隊問題はここでは割愛し、信玄本隊の動きにしぼり、主要な二つの論点について述べることとする。

鴨川氏は、駿河から遠江へと西進してきた部隊があったことは認められながらも、それは穴山信君に率いられたいわば別働隊であり、信玄自身は信濃からの南進部隊とともにあったとして、信玄本隊の経路としては通説を支持された。鴨川氏のこの主張は、つぎのような論拠に基づくものである。

第一に、先に引用した道紋宛信玄書状の解釈をめぐる問題である。その際、鴨川氏は十一月十五日付けで某氏に宛てた小笠原信嶺《のぶみね》書状（戦武一九八八号）を、あわせて検討されている。

連々申し談ぜず候といえども、幸便の条、啓せしめ候。よって今度信玄と仰せ合わせらるるの旨、使節を指し越され候。然るところ、拙子、当境目に在陣せしむの間、彼方に案内者を指し添え、旗本まで相送り候き。随って遠州表の諸侯、大略信玄幕下に属し候の条、近日三州に至り馬を進めらるべく候。この刻《きざみ》、御同名衆調談を遂げられ、一途の御忠節肝要に存じ候。兼ねてまた、自今已後相応の子細、仰せを蒙り馳走せしむべく候。恐々謹言。

なお当表の備え、彼の平兵衛方申さるべく候条、詳か能わず候。以上。

小笠原掃部大夫

信嶺（花押）

霜月十五日

（宛名を欠く）

この二点の書状に基づき、鴨川氏が述べられていることの要点を、傍線部を中心にまとめると、つぎのようになるだろう。

①書状の冒頭に「各の忠節誠に感じ入り存じ候」とあるのは、奥平が信濃・三河の国境付近に進出した小笠原信嶺のもとに出頭し、信玄に味方する意志を表明したことに対する謝辞である。

②「当城主小笠原悃望《こんもう》候間、明日国中へ陣を進め」とあるが、「当城主」とは、「そちらの城の主」と解釈すればよい。「懇望（悃望）」とは城主が降伏する場面で使われることもしばしばあるが、言葉の意味そのものは、「切に希望する」ということでしかない。信玄はこの書状で、そちらの城主の小笠原信嶺が希望するので、「国中」（遠江の中心部）へ陣を進めるといっているのである。

③「五日の内に天竜川を越え浜松に向かい出馬し」という表現は、信玄が高天神城付近にいることを想定すれば、非常にわかりやすい。しかし、遠江の北部にいる場合でも、天竜川の左岸を南進し、二俣あたりで渡河する経路が考えられる。

ついで、鴨川氏は信玄所用の龍の朱印を捺した四通の朱印状と一通の信玄判物《はんもつ》とをあげて、信玄の侵攻経路について検討されたが、これが第二の論点となる。

④aからdまでに限れば、日付が進むたびに受取人の所在地は西へ進んでおり、これをみれば、武田軍が駿河から遠江に入り、同国の南部を西に進んだ可能性は非常に高いといわざるをえない。

⑤しかし、この武田軍の行動は、信玄本人の行動と、はたして一致するのか。一日違いの受取人、dの妙音（恩）寺とe秋葉寺までの距離は、約三〇キロメートルもある。信濃から南進してきた部隊と、駿河から南部を西進してきた部隊と、二隊あったと想定する必要があり、秋葉寺宛のe文書が判物であるところから、信玄本人は、信濃から南進した部隊とともにあったのだと考えられる。

⑥一方、駿河から西進した部隊は穴山信君が率いており、この西進部隊には信玄から龍の朱印が預けられていた。十一月二日付けの幡鎌右近丞《はたかまうこんのじょう》宛武田家朱印状（戦武一九八二号）には判物の安堵状《あんどじょう》が出せない言い訳がみられるが、このことも西進部隊に信玄が

いなかったことを示している。

第一の論点では②の解釈が重要で、もし鴨川説のように「当城主小笠原」が高天神城の氏助ではなく、信濃松尾に本拠を置く信嶺だとすると、筆者らの信玄本隊は駿河から遠江に西進して来たとする説は、有力な史料的根拠を失うことになってしまう。また第二の論点では、⑤の南進部隊と西進部隊の二隊があったのか、⑥の別働隊に朱印を預けるというようなことがあったのかどうか、などが問題になる。

鴨川説への反論

このような鴨川氏による新説批判に対して、筆者はさっそくこれを検討して反論を行った（本多二〇一三）。その詳細について関心がある方には、拙論を読んで下さることをお勧めするが、ここでは右に述べた主要な二つの論点について取りあげることとする。

まず第一の問題であるが、①では書状冒頭の信玄による謝辞は、奥平が小笠原信嶺のもとに出頭し、信玄に味方する意志を表明したことに対するものといわれている。しかしながら、かりにそのようなことがあったとしても、それは十一月半ばのことであり、それよりも一ヵ月近く前の十月二十一付け信玄書状で、いまだ起こってもいないことに対して謝辞を述べるということはあり得ない。

奥平一族など、奥三河の山家三方衆は七月にはすでに武田氏に帰属しており、七月晦日付けの奥平定能宛信玄判物写によると（戦武一九二九号）、三河・遠江で所領の安堵・宛行が行われていることは、すでに前節で述べた。それゆえ、信玄が書状で「各の忠節」といっていることからすれば、道紋だけではなく、山家三方衆の七月の帰属以来の忠節に対して謝辞を述べ、今後ますますの入魂を求めているとみるべきである。

鴨川氏の②の史料解釈は、はなはだ問題である。まず「当城主」の「当」であるが、これはつねに「この」「こちらの」という意味であるとは限らず、相手側の物事「その」「そちらの」である場合もないではないとして、「そちらの城の主」と解釈すればよいといわれたのである。また「悃望」「懇望」についても、城主が降伏する場面でしばしば使われることを認められながら、言葉そのものの意味はあくまでも「切に希望する」ということでしかないとして、「小笠原が希望する」ので陣を進めると読むのが、もっとも素直であろうといわれている。

しかしながら、これはこの時期の「当」や「悃望」「懇望」の読み方として、圧倒的多数の事例に基づくことをあえて退けた無理な解釈であった。そもそも、信玄が家臣である信嶺の「切なる希望」がなければ進軍しない、というようなことはあり得なかったであろう。ここは圧倒的多数の事例に従って、素直に「こちらの城主の小笠原がさしたる抵抗もなく降伏を申し出た」ので、明日には「国中」に陣を進める、と解釈するところである。

そうなると、この小笠原は、国境付近のどこかの城に入っていたという信嶺ではなく、高天神城の氏助であることはいうまでもない。

③はあえていうほどのことではないが、信玄が信濃から南進してきたとする鴨川氏は、二俣あたりで渡河する経路を想定されている。しかし、高天神城から「国中」へ進軍する予定の信玄は、池田の渡しあたりで渡河することを考えていたと思われ、その方が「わかりやすい」ことは、鴨川氏自身が認められているところである。

ついで第二の問題であるが、⑤では、dの妙音寺とe秋葉寺までの距離は約三〇キロメートルもあるにもかかわらず、わずか一日違いで出されていることから、南進部隊と西進部隊との二隊があったと想定され、e秋葉寺宛は信玄の花押が据えられた判物であるため、信玄本人は信濃から南進してきた部隊とともにあったといわれたのである。

この文書受給者の距離が離れているにもかかわらず、一日違いの発給であるという問題は、現在ではほぼ常識になっていることであるが、禁制などは軍勢の乱妨《らんぼう》・狼藉《ろうぜき》などからの保護を求めて、礼銭《れいせん》・礼物《れいもつ》などをもって、受給者の方から貰いにきたものと考えれば矛盾なく解決できる。妙音寺宛の禁制と秋葉寺宛の判物とは、いずれも駿河から西進してきた信玄本隊によって、おそらくは見付あたりで発給されたと考えられる。

つぎに⑥では、穴山信君が率いる西進部隊には、信玄から龍の朱印が預けられていたといわれている。しかしながら、龍の朱印は信玄所用の大事な家印であり、やはり信玄の本陣に置かれ、別働隊に預けるというようなことはあり得なかったのではなかろうか。またそうでないと、当主信玄の承認もないままに、武田家朱印状が発給されるというような事態が生じてしまうだろう。

なお幡鎌氏の問題についていえば、戦場や行軍中にとりあえず朱印状を出し、落ち着いてから判物で出し直されることもあり得るので、言い訳ではなくたんなる事情説明とみれば、西進部隊に信玄がいなかったとする根拠にはならない。

その後の経過

ところが、この拙論に対して鴨川氏から再度の批判があり（鴨川二〇一五）、筆者もまた、これに対して反批判を行った（本多二〇一七）。ただし、鴨川氏による新たな拙論への批判では、前項で述べた主要な論点に即していえば、「当城主小笠原」が信嶺であることや、信玄が南進部隊にいたということについての新たな主張はなく、龍の朱印を預けたという事例の提示もなかった。要するに、主要な論点に対する積極的な反論はなかったため、この論争については、ほぼ決着がついたといってよいだろう。

ところが、ごく最近の概説においても、相変わらず旧説（これまでの通説）がくり返されているのは、まことに残念なことである。たとえば、「元亀三年九月二十九日、信玄は先方衆を率いた山県昌景に甲府を発たせ、自分も十月三日に出陣し、諏訪から伊那を通って南に進み、十日に青崩峠（飯田市と静岡県浜松市の間）を越えて遠江北部に乱入した。山県昌景は下伊那から東三河へ、秋山信友は東美濃へ、それぞれ侵出した」「一方、秋山信友の率いる軍は十一月十四日に岩村城（岐阜県恵那市）を奪取した」というように（笹本二〇一六、七四頁）、まったくの旧説に基づく記述となっている。

また、「武田信玄率いる本隊二万余は一〇月三日、甲府より出陣し諏訪へ迂回した後、徳川領国である遠江国に侵攻した」「信州高遠城にあった秋山信友の率いる兵五〇〇〇は山県隊とほぼ同時に東美濃に入り、織田方の主要拠点である岩村城を落とした」といわれ（笠谷二〇一六、六一頁）、そこでは旧説に基づく侵攻図まで掲げられている（同六四頁）。旧説に基づく侵攻図の掲示は他にもみられるが（金子二〇一七a、六三頁）、論外である。

筆者は、論文においてはもとより、概説であっても、研究史を重視すべきだと考えている。研究というものは、真摯な批判と反批判とを通じて一歩々々進んでいくものであり、そのような先人の努力の跡が研究史である。正確な研究史理解を抜きにしては、研究の進展を図ることはできない。

誤解のないようにあえて一言すれば、筆者は通説によることを悪いといっているわけではない。通説を批判した新説が認められれば、その新説は新たな通説になり、それまでの通説は旧説になる。もし、その新説が成り立たないということが明らかにされれば、それまでの通説がそのまま生きるのである。それゆえ、通説によるのであれば、新説への批判が必要だといっているのである。それなくして、安易に通説（旧説）によるのでは、研究史に対する誠意ある対応とはいえず、研究史を後退させるものといわなければならない。

実は筆者自身が、他方で、まさにそのような問題に直面しているのである。関ヶ原の戦いの行方にかかわるいわゆる「小山評定《おやまひょうじょう》」の存否をめぐって、ここ数年、白峰旬氏と筆者との間で論争が続いている。「小山評定」は徳川史観による家康神話の創出という目的のために捏造された架空の話であるとして、これを全面的に否定される白峰氏の新説に対して、筆者は通説どおり、七月二十五日に諸将が小山に招集され、小山で何らかの談合・評定あるいは進言があったとみてよいのではないかとする立場から、白峰氏の新説批判を行ってきた。ごく最近では、これに加えて家康の宇都宮《うつのみや》在陣という新説についても（白峰二〇一七）、卓見であると認めながらも、家康の行動日程については白峰説を大幅に修正するというように、批判的に検討を行った（本多二〇一九）。つまり、筆者が「小山評定」について通説を支持しているのは、それを否定する白峰氏の新説を検討した結果、それが成り立たないことを明かにしたからであり、新説を批判した裏付けによるものである。

三方原の戦い

信玄本隊と別働隊

すでに述べたように、三日に甲府から出馬した信玄本隊は、駿河の田中城《たなか》（藤枝市）までは東海道を西へと進軍した。そこからは十日に遠江に入って海岸線を進み、高天神城の小笠原氏助を降したあと、東海道筋に戻って袋井から見付へと進軍したのであった。なお、この後に一言坂《ひとことざか》の戦いなどが近世編纂の諸書にみえ、本多忠勝が殿《しんがり》を務め、名声を高めたことなどでよく知られているが（小和田・笠谷二〇一六など）、確実な史料では確認できないので、本書では取りあげない。

今回の家康領国である遠江への出兵について、信玄は十月二十一日付けの道紋宛書状中で、「五日の内に天竜川を越え浜松に向け出馬し、三ヶ年の鬱憤を散らすべく候」といっている（戦武一九七六号）。この「三ヶ年の鬱憤」とは何を指しているのかについては、三年前の永禄十二年（一五六九）以降の問題とする説（須藤二〇一八、初出一九八八）と、二年前の元亀元年（一五七〇）十月に武田氏の宿敵である上杉氏と同盟を結んだことにあるとした説（柴二〇一四、初出二〇〇七）とがあり、拙著では後者を否定し、「信玄の意向に反し、家康が氏真と和議を結び、北条氏と手を打って氏真を沼津に去らせたことを指して」いるとして（八五頁）、永禄十二年説を支持した。しかしながら、前近代では「足かけ」で数えるのが原則とみられること、また、元亀元年四月までは武田・徳川両氏は友好関係存続に尽力していたとの指摘もあるので（丸島二〇一七c）、本書では拙著での主張を撤回し、元亀元年の上杉氏との同盟問題と改めることとする。ただし、実際には信玄の遺恨は、永禄十二年以来の問題も引きずっていたものとみられ、最近でも、拙著とほぼ同様の見方をする説がみられる（金子二〇一七a）。

この信玄の遠江侵攻により、高天神城の小笠原氏助がほとんど戦うことなく降伏したのをはじめとして、遠江の国衆たちがつぎつぎと信玄に降っていった。史料的に確認できる主な者についてみてみると、十月二十一日付けの奥山友久《おくやまともひさ》宛武田家朱印状では、奥山氏の忠節を賞して、家康から宛行われた所領・本領を安堵している（戦武一九七八号）。奥山氏は犬居城の天野藤秀《あまのふじひで》の同心であったから、天野氏の従属も十月だったことがわかる。

十一月二日付けの幡鎌右近丞宛武田家朱印状では、いち早く「出仕」して来たことを賞し、その新地・旧領を安堵している（戦武一九八二号）。十二月三日付けの奥山吉兼《よしかね》宛武田家朱印状では、五ヵ所合わせて二〇〇〇貫文の所領が安堵されており（戦武一九九六号）、さらに、以前二俣城にいた松井宗恒《まついむねつね》には十二月十六日付けの信玄判物により、七ヵ所合わせて二〇〇〇貫文（計算では一九八三貫文）の本領が安堵された（戦武二〇〇一号）。このように、三方原《みかたばら》の戦い以前においても、武田方に降る国衆は後を絶たなかった。

ところで、別働隊については、いろいろな別働隊があったといわれているが、山県昌景・秋山虎繁が率いた別働隊が、実在した唯一のものである。山県・秋山の別働隊は、信濃から青崩《あおくずれ》峠ないし兵越《ひょうごし》峠を越えて遠州に入り、さらに浦川《うらかわ》（浜松市天竜区）から三河へと進出した。山家三方衆らの先導で長篠城（新城市）に入り、野田城（同）などを攻撃した後、伊平《いだいら》（浜松市北区）を経て二俣で信玄本隊と合流し、次項で述べる二俣城攻めを行った。

別働隊としては、これまで秋山虎繁が率いる別働隊が東美濃に向い、十一月十四日に岩村城を攻略したといわれてきた（平山二〇〇六、笹本・笠谷二〇一六など）。十一月十九日付けの遠藤勝胤《えんどうかつたね》宛信玄書状写で、「去る十四日岩村の城請け取る」とあることなどが根拠となっている（戦武一九九一号）。しかしながら、拙著でもすでに述べているように、秋山がこの時期東美濃に向かった形跡はない。十一月二十七日付けの奥平定能宛山県昌景書状

図23　岩村城跡

によれば、「貴辺御出陣の儀、何時も秋伯と談合せしめ、申し届くべく候間」とあるように（戦武一九九五号）、山県は定能の出陣について、「秋伯」、つまり秋山伯耆《ほうきの》守《かみ》虎繁と相談して伝えるといっている。秋山はこの時点でも、山県とともに二俣城攻めの陣中にいたのである。

鴨川達夫氏も、「遠江への攻勢と並行して、信玄は美濃の東南部へも兵を入れ、十一月十四日に岩村城を攻略した」といわれている（鴨川二〇〇七a、一七七頁）。しかし他方では、「岩村城の取り込みはもとより、それ以外の局面においても、秋山がこの時期美濃にかかわったことを示す材料は、まったく残っていない」ともいい（鴨川二〇一一、七二頁）、さらに「岩村城の取り込みは」信玄が「部隊を派遣して、実施させた」ものではあるが、「この部隊については、誰が率いていたかは判然としない」といわれている（同、七一頁）。つまり、秋山以外の誰かが率いた別働隊によって、岩村城は攻略されたといわれるのである。

しかしながら、岩村城は武田軍によって攻略されたのではなく、すでに述べたように（本書一〇二頁）、信長による遠山氏家督への強引な介入に対して、岩村城の遠山一門中の親武田派が反発し、武田氏の支援を求めて、自発的に開城・従属することになったのである。それゆえ、岩村城を攻略するような秋山による別働隊はもとより、他の誰かによる別働隊などもなかったのだ。『当代記』によれば、信玄は岩村城の開城により、さっそく信州衆の下条信氏《しもじょうのぶうじ》を東美濃に遣わしているが、この信氏が岩村城に入ったのが十一月十四日だったのであろう。

信玄の二俣城攻略

さて、高天神城を降して見付方面へと向かった武田軍は、天竜川を越えて浜松に向かうとした当初の予定を変更し、二俣城の攻略に向かった。この後の武田軍の作戦については、『三河物語《みかわものがたり》』『浜松御在城記《はままつございじょうき》』『甲陽軍鑑《こうようぐんかん》』などに、ほぼ同様の記述がみられる。ここでは、以下に述べることとのかかわりもあるので、『三河物語』から引用しておこう。

信玄は見付の台より合代嶋《ごうだいじま》へ押上て陣取り、それより二俣の城を責ける。城には青木又四郎・中根平左衛門尉、その外こもる。信玄は「乗りおとさん」と仰ければ、山方（県）三郎兵衛と馬場美濃守両人、かけまわりて見て、「いやく、此城は、土井

（居）高くして、草うらちかし。とても無理責にはなる間敷《まじ》く。竹束を持って詰めよせて、水の手を取給ふ程ならば、頓《やが》て落城有るべし」と申しければ、「その儀ならば責よ」とて、日夜油断なく鉦《かね》・太鼓を打って、時《とき》（鬨）をあげて責けり。城は、西は天竜河、東は小河有り。水の手は岩にて、岸高き崖づくりにして、車をかけて水を汲む。天竜河のおし付なれば、水もことすさまじき体なるに、大綱をもって筏《いかだ》をくみて、上よりも流しかけく〳〵、何程共きわもなく重ねて、水の手をとる釣瓶《つるべ》縄《なわ》を切ほどに、ならずして城を渡す。

この時の二俣城攻めに関しては、良質の史料が比較的よく残されている。順次それらをみながら、二俣城攻防の過程をたどってみよう。

まず、最初に「二俣」の名前がみえるのは、十月十日付けの信玄判物である（戦武一九七三号）。この日は駿河から遠江に侵攻した日であったが、早くも「然らば二俣の地早々当手に属すの様、調略せしめば、新知所望に任すべきもの也」と、二俣城への調略を地元於保《おほ》郷（磐田市）の土豪三輪《みわ》（三和）氏に命じている。二俣城の攻略は、当初からの目的の一つであったとみられる。

第二に、二俣城の包囲態勢については、『三河物語』によれば、信玄は見付から合代島に進軍し、ここに本陣を置いて二俣城を攻撃したとある。攻撃開始の時期は、十一月の上

図24　二俣城跡

旬とみられる。すなわち、穴山信君が十一月七日付けで匂坂から出した書状が残されていて（静県8五四二号）、そこから合代島へは指呼の間であるから、その翌日頃からは始まったであろう。いずれも朝倉義景宛の十一月十九日付け文書によれば、「二俣と号する地取り詰め候」、「二俣の地取り詰め候、落居近日たるべきの事」と（戦武一九八九・九〇）、二俣城を攻撃中で、日ならずして攻略するであろうと報じている。

第三に、二俣城の籠城衆として、『三河物語』では中根正照《まさてる》と青木又四郎の二人をあげている。家譜類になるが、松平善兵衛康安《やすやす》も籠城しており、中根・青木とともに士卒を励まして堅く城を守ったといっている（『寛永諸家系図伝《かんえいしょかけいずでん》』第一）。中根正照は「二俣の城代」を仰せつけられ、松平善兵衛・青木又四郎が添え置かれていたといい、信玄の浜松出張により、二俣のことは差し置いて帰参するようにと酒井忠次からいってきたため、三人は白昼に城から出て浜松城へ戻ったといっている（『譜牒余録《ふちょうよろく》』下、一六八頁）。

第四に、中根らの籠城衆は善戦し、城は容易には落ちなかった。しかし、武田軍は無理攻めをせず水の手を断ち、降伏・開城に追い込んだ。この武田軍の作戦については先掲の『三河物語』などにくわしく、しかも十一月二十七日付けの奥平定能宛山県昌景書状という一次史料によっても確認される（戦武一九九五号）。

御札のごとく、二俣の諸手併（塀）際へ押し詰められ、殊《こと》に方々に候水の手、五三日以前に取られ候間、天流（竜）の水を汲み候。これにより厳しく船を城岸へ着け置かれ、綆《なわ》を切り候間、是も一円叶わず。三日の中《うち》に落居たるべく候の条、御心を安んずべく候

『三河物語』とあわせ考えれば、武田軍は当初から力攻めを避け、山県昌景や馬場信春《ばばのぶはる》の進言を入れ、早くから水の手を断つ戦法をとったのである。「五三日以前」といっているので、ほぼ半月前からということで、攻撃開始から間もなくしてそのような戦法をとったようだ。所々の水の手を断たれた籠城衆は、やむなく天竜川から水を汲み上げた。しか

しながら、武田軍に釣瓶縄《つるべなわ》を切られて持ちこたえることがむつかしくなり、やむなく降伏・開城に至ったのである。

第五に、開城した日については、従来は十二月十九日だったといわれていて（柴辻・平山二〇〇六）、これが通説であった。最新の概説でも、「ようやく、二ヵ月かかって開城させることができた。開城は十二月十九日のことである」といわれている（小和田二〇一六、一七八頁）。しかしこれらは誤りで、十二月八日付けの由良成繁宛北条氏政書状に、「又遠州二俣の地、去る晦日懇望出城の由、清水申し越し候一札、使者に見せ候」とあるので（静県8付録1二五六号）、十一月晦日であったことが確認される。

北条氏からは甲相同盟によって武田方に援軍が送られており、その援軍として二俣城攻めに加わっていた伊豆衆清水氏からの報告に基づくものであるから信憑性は高い。また、大藤式部丞《だいとうしきぶのじょう》も援軍として加わっていたが、二俣城攻めで鉄炮にあたり、討死したといわれている（静県8六二二・三四号）。この六月二十一日付けの二点の信玄書状は、印文「晴信」の朱印で出されており、信玄死後のものではあるが、内容的には問題がないと考えられる。なお、山県昌景は先の十一月二十七日付け書状で、「三日の中に落居たるべく候の条」といっており、非常に正確に降伏・開城の日を予測していたことがわかる。

第六に、武田軍の出陣に際し、二俣城に在番《ざいばん》として残したのは誰かという問題がある。

これまでは「ここに信濃衆依田《よだ》（芦田《あしだ》）信守《のぶもり》・信蕃《のぶしげ》父子を配備して」といわれているように（平山二〇〇六、八八頁）、依田信守・信蕃父子らとみられてきた。これは主として「依田記」（『続群書類従』第二十一輯上）によったものであるが、「依田記」の信憑性については問題があり、「現時点では信蕃の父を不明とせざるをえない」といわれている（井原二〇一一、三五頁）。それゆえ、さしあたり「依田信蕃らに在番を命じ」というほかないであろう。

二俣城を攻略した信玄は、さっそくその戦勝を各地に報じたようである。たとえば、極《ごく》月《げつ》二十六日付けで土屋昌続《つちやまさつぐ》に宛てた安房の里見義弘《さとみよしひろ》書状によれば、「よって二俣の地数日相攻められ、落居の由その聞こえ候。（略）この上遠州悉《ことごと》く御本意程有るべからず候」と（戦武四〇五五号）、遠州平定も間もないであろうと祝意を表している。

三方原の戦い

ところで、信玄の遠江への侵攻という重大な軍事行動について、信長は事が起こるまでまったく察知していなかった。十月五日付けの法性院《ほっしょういん》（信玄）宛書状では、なお「甲・越和与」の調停を行っているといっているが（信長文書補遺一三〇号）、この書状を認める以前の三日に、信玄はすでに甲府から出馬していたのである。

これまでの信玄との友好関係を踏みにじられたことを知った信長は、十一月二十日付けの不識庵《ふしきあん》（謙信）宛書状で、信玄を激しく非難している（上越一一三一号）。すなわち、信玄の所行はまことに前代未聞の無道さであり、侍の義理を知らず、都鄙《とひ》の嘲弄を顧みないもので、遺恨は尽きることがなく、今後は未来永劫にわたり、信玄とは二度とふたたび相通ずることはない、としている。そして、謙信の起請文を持参してきた使者長景連《ちようかげつら》の眼前で起請文に血判を捺し、「信玄退治」を目的とした同盟を結んだ。

同じ書状のなかで、「遠州は家康とこの方加勢の者共一手に備え」とあるように、信長は平手汎秀《ひらてひろひで》・佐久間信盛《さくまのぶもり》・水野信元《みずののぶもと》らの加勢の衆を送っていた。信玄も十一月十九日付け朝倉義景宛条目で、「引間へ三千余りの加勢」といっており、この事実を把握していた。

信長はそれに先だって、信玄を迎え撃つことになる家康側の備えに対する情況視察のために梁田広正《やなだひろまさ》を派遣したことが、十月廿二日付け家康宛書状にみられる（信長文書三四四号）。すなわち、「その表見廻りのため、梁田左衛門太郎を進《まいら》しめ候、存分は具《つぶさ》に申し含め候、万端御分別専用に候」と、自分の考えは広正にくわしく言い含めてあるといい、万事分別ある対応を求めている。

この時期の問題でもう一点注目されるのは、将軍義昭から家康に対して御内書が出されていたことである。御内書はいまだ不明であるが、これに対して、十一月十九日付けで義昭側近朽木輝孝《くつきてるたか》に宛てた家康の返書が残されている（新修家康文書四九頁）。すなわち、

「当国に対し、武田光禄《こうろく》（信玄）手出し候。それに就き御内書を成し下され、まことに外聞忝《かたじけな》く存じ奉り候。この州の儀、手置き涯分《がいぶん》弓（油）断これなく候。その上岐阜よりも出勢候間、示し合わせ数度敵陣追々と相動《はたら》くといえども、一円戦体に及ばず候」と、御内書への礼を述べ、遠江での戦況について報告している。このように、義昭が信玄の遠江侵攻に対して、それを心配する御内書を出しているということは、この時点では、いまだ義昭は信長・家康の側に立っていたことを示している。

なお、これに関連して、信長が義昭の失政を糾弾したいわゆる一七ヵ条の異見書写は（信長文書三四〇号）、これまでは九月に提出されたものといわれ、この異見書を契機に、義昭と信長との間に亀裂が生じたといわれてきた。しかし最近では、異見書の提出は元亀三年の年末から翌年正月の間か（柴二〇一六）、年末（久野二〇一七）とみなされるようになっており、筆者も年末でよいと考えている。

二俣城の普請を終え、武田軍が出陣したのは十二月二十二日早朝のことであった。当初は浜松城に向かうかとみられていたが、大菩薩《だいぼさつ》（欠下平《かけしただいら》）辺りから西に転じて三方原台地に上がり、そのまま三河へ向かう構えをみせた（小楠二〇〇〇）。信玄は味方の犠牲も大きい攻城戦を避け、野戦を挑もうとしたものと考えられる。すなわち、信玄は家康が籠城したままで武田軍をやり過ごすことはないだろうと見越して、いわばおびき出しを図ったのである。

浜松城でこの武田軍の動きを知った家康は、織田方の加勢を含めた一万余りの軍勢で、二万五〇〇〇ともいわれる武田軍に対し敢然として打って出て、いわゆる三方原の戦いとなった（史料11八頁）。一般に、兵力で劣る場合は籠城戦に頼ることが多いが、家康は圧倒的な兵力差があるにもかかわらず、なぜ浜松城から出撃したのであろうか。拙著ではこの点に関して三点の事情をあげたが、本書でも基本的に同様である。

第一に、信長との同盟関係があったことである。先に述べたように、信長からは使者を送られて、分別ある対応を求められていた。その上、加勢の衆まで送られていながら、一戦も交えずに武田軍をやり過ごすようなことはできなかった。信玄はそのような事情を見抜いて、家康が打って出てくるだろうと確信し、三方原で待ち構えていたのである。

第二に、これも先にみたように、高天神城の小笠原氏助をはじめとして、家康に服属していた遠江・三河の将士が、つぎつぎに武田方に降っていくという状況があった。叶わぬまでも一戦に及び、存在感を示すことなしには、彼らをつなぎ止めることがむつかしいと判断したのであろう。

第三に、そうはいっても、まったくの無謀な出撃ということであれば、自殺行為になりかねない。地理的な優位性を生かし、三河方面へ向かっている武田軍を背後から追撃し、一撃を与えてさっと浜松城に引き揚げるというような作戦を考えていたと思われる。ところが、そのような思惑が外れ、武田軍は三方原で待ち構えており、両軍主力の激突になったため、まさに多勢に無勢、家康は生涯に二度とない大敗を喫することになった。

信玄はもとよりこの勝利を諸氏に報じたが、とりわけ重要なのは十二月二十八日付けの朝倉義景宛書状である（戦武二〇〇七号）。そこでは、「よって二俣の普請出来《しゅったい》候間、三州に向かい陣を進むの砌《みぎり》、家康人数を出し候の条、去る廿二日当国見（三）方原に於いて一戦を遂げ、勝利を得、三・遠両国の凶徒幷《ならびに》に岐阜の加勢衆千余人討ち捕え、本意を達し候間、御心易《やす》かるべく候」と戦果を誇っている。徳川方は家康の身代わりとなったという夏目吉信《なつめよしのぶ》をはじめ、かなりの武将が討死し、織田の加勢衆では平手汎秀《ひらてひろひで》が討死した。武田方では名のある武将で討たれたものはなかったようで、まさに家康の完敗であった。

右の信玄書状では、それに続けて「又巷説《こうせつ》の如くんば、御手の衆過半帰国の由驚き入り候。おのおの兵を労《ねぎら》うは勿論に候。然りといえども、この節信長滅亡の時刻到来候ところ、ただ今寛宥の御備え、労いて功なく候か。御分別過ぐべからず候」といっている。信長を滅ぼす絶好の機会が来たにもかかわらず、義景が越前に兵を引いたとの噂を聞き、信玄は驚くとともに強く抗議したのであった。

合戦の経緯についてはこれ以上立ち入らず、新たに二点の問題を指摘しておきたい。一つは、大敗した家康が浜松城に逃げ帰った後、自らへの戒めのために、絵師を呼んで情けない姿を描かせたというい わゆる「顰像《しかみ》」の問題である。拙著でもその画像を掲載したが、その後、この画像を三方原の戦いと関連づける根拠はないことが明らかにされたため(原二〇一六)、今後はこの画像をこれまでのような形で使うことはできなくなった。

今一つは、合戦についてよくみられる布陣図の問題である。三方原の戦いでも両軍の布陣図が作成されていて、最近の概説でもそれが掲載されている(小和田・笠谷二〇一六)。しかしながら、筆者はそれらの布陣図は、多くの場合信用するに足りないと考えている。布陣を示す良質な史料はまずなく、近世の軍記物など、編纂史料に基づく推測に過ぎないからである。小和田・笠谷の両氏が掲載された同じ布陣図では、家康の右手前に小笠原氏助が布陣したことになっている。しかしながら、氏助はすでに述べたように、信玄の遠江侵攻直後に降伏しており、三方原の戦いで徳川方として戦うということはあり得なかった。このこと一つを取ってみても、このような布陣図が、いかに信憑性が乏しいかわかるだろう。

信玄出馬の目的

信玄の死と義昭・信長

三方原の戦いで大勝したにもかかわらず、武田軍は浜松城攻めには向かわず、刑部《おさかべ》（浜松市北区）で越年して三河へと向かった。二俣城での二〇日ほどの滞在といい、刑部での越年といい、信玄の体調問題が絡んでいたと推測される。その後、三河の野田城（新城市）を囲み、二月半ばにこれを攻略した（史料14四九頁）。二月十六日付けの東老軒宛信玄書状によれば、「就中《なかんずく》野田の城責め落とし、城主以下を生捕り、信州へ遣わし候」といっている（戦武二〇二一号）。守将の菅沼定盈《すがぬまさだみつ》らは生捕りとなったが、武田方に降った山家三方衆の人質が浜松城にいたため、これとの人質交換が成立し（「菅沼家譜」）、実際には信州へ送られることはなかった。

この頃には、信玄の病状は相当悪化していたようで、もはやそれ以上の行軍には耐えられなくなっていたとみられる。病気の原因は、一般に肺患とされることが多いが、胃癌ともいわれている。このため、武田軍は長篠城にしばらく滞在した後、甲府へ引き揚げることになった。しかしその途中、四月十二日に信州駒場《こまば》（長野県阿智村）で、信玄は五三歳をもってその生涯を閉じた（史料15八九頁）。

他方、畿内では二月に入って事態が大きく動いた。将軍義昭は信玄の三方原での大勝の報に接して衝撃を受け、年末に信長から失政を糾弾する一七ヵ条の異見書を突きつけられていたこともあって、これまでの信長・家康との連携を断ち切り、挙兵するに至ったのである（史料14一四一頁）。二月二十六日付けの越中勝興寺《しょうこうじ》宛浅井長政書状によれば、「はたまた当月十三日　公方様御色を立てられ、義景・拙身へ御内書を成し下され候」と、義昭が信長に反逆し、十三日には朝倉義景や長政に信長打倒の御内書を下されたといっている（愛県八六七号）。このように、信玄の遠江・三河での快進撃は、反信長陣営を大いに勇気づけるとともに、義昭の信長からの離反をもたらしたのである。

その当時、信玄に備えて岐阜にいた信長の対応は、上方の情況を信長に伝えていた細川《ほそかわ》藤孝《ふじたか》宛の二月二十三、二十六、二十九日、三月七日付けの書状で詳細に述べられている（信長文書三六〇・六二・六三・六四号）。さっそく側近の松井友閑《まついゆうかん》・島田秀満《しまだひでみつ》を派遣して義昭との和睦をめざし、義昭が示した条件をすべて受け入れ、事態の収束を図ろうとした。

しかし義昭は結局これに応ぜず、三月二十九日に上洛した信長の再度の要求にも応じなかったため、信長は四月四日に上京を焼き払った（史料15三頁）。四月六日付けの家康宛書状によれば、「去る二日・三日両日洛外残る所なく放火せしめ、四日に上京悉《ことごと》く焼き払い候。これによりその夕べより、無為の儀取頻《とりしき》り御扱いの条、大形《おおかた》同心申し候」と（史料15八頁）、上京を焼き払うことによって、やっと義昭も和議に応ずることになったといっている。

しかしながら、この和議はもとより一時的なものにすぎず、七月三日に義昭は二条城を出て、槇島《まきしま》城（宇治市）で挙兵した（史料16二六七頁）。織田軍は十六日に出陣し、翌日には信長も出馬した。十八日に槇島城に攻めかかったところ、義昭はさしたる抵抗もなく降伏した。信長は数えで二歳になる義昭の子息を人質とし、義昭は赦されて枇杷庄《びわのしょう》城（城陽市）を経て、三好義継《みよしよしつぐ》の居城である若江《わかえ》城（東大阪市）へと去って行った。これ以後、義昭は将軍として京都へ戻ることはなく、「天下」を統治する室町幕府は実質的に滅亡した。なお、この二十八日には、天正と改元された（同三七三頁）。

天正元年（一五七三）八月になると、次第に信長の優位が決定的になっていった。十日に浅井久政・長政父子の小谷《おだに》城（長浜市）に迫ったところ、朝倉義景が後詰として近江境の余呉《よご》・木ノ本《きのもと》辺りまで出張してきた（史料17五九頁）。織田軍は十三日の夜中にこれに切

図25　小谷城跡遠望

りかかり、退却する朝倉軍を追撃して敦賀《つるが》に至った（同八六頁）。そして、そのまま越前一乗谷《いちじょうだに》に侵攻し、二十日には義景を自刃に追い込み、朝倉氏を滅ぼした（同一一三六頁）。

ついで信長は越前からとって返し、二十七日夜中に小谷《おだに》城を攻めて、まず久政が自刃した。九月一日には長政も自刃して浅井氏も滅亡し、その所領は戦功によって羽柴《はしば》秀吉《ひでよし》に与えられた（同一一六六頁）。また、長政の妻お市と三人の娘が助け出され、信長のもとに引取られたことはよく知られている。九月七日付けの毛利《もうり》輝元《てるもと》・小早川《こばやかわ》隆景《たかかげ》宛信長書状写によれば、義昭の挙兵から朝倉・浅井滅亡に至るこの間の経緯を詳細に報じ、「一方《ひとかた》ならざる遺恨深重のところ、悉くもって討ち果たすの条、大慶《たいけい》賢慮に過ぎ候」と溜飲を下げているが（信長文書四〇一号）、前年以来の危機的状況を脱した信長の、偽らざる本音だっただろう。

拙著での整理

ところで、この元亀三年から翌年にかけての信玄の軍事行動の目的は、何だったと考えるべきであろうか。信玄が志半ばで倒れてしまったために、さまざまな見方があるが、拙著では、従来の諸説を大別して、上洛戦説と局地戦説になるとした（九二頁以下）。

このうち上洛戦説とは、元亀二年から翌年にかけて、越前の朝倉、近江の浅井、大和の松永、石山本願寺などによる信長包囲網が形成され、将軍義昭がその盟主になっていたこと、信玄もまたこの包囲網の形成に深くかかわり、上洛の意志を明らかにしていたというものである。その主要な史料的根拠は、つぎの二点の文書であった。

一つは、元亀二年とされてきた五月十七日付けの松永久秀家臣岡周防守宛信玄書状（戦武一七一〇号）である。そこでは「そもそも、公方様、信長に対され御遺恨重畳の故、御追罰のため御色を立てらるるの由候条、このとき無二に忠功を励まさるべきこと肝要に候。公儀御威光をもって、信玄も上洛せしめば、他に異なり申し談ずべく候」と、元亀二年段階で将軍義昭の信長追伐の意向が明らかであり、信玄も上洛の意志を示していたといわれてきた。

今一つは、元亀三年とされてきた五月十三日付けの信玄宛義昭御内書（戦武四〇四九号）である。そこでは「当家に対し忠節を抽《ぬきん》ずべきの由、法（宝）印を翻して言上、たしかに聞こし召されおわんぬ」「いよいよ忠功肝要、きっと行《てだて》に及び、天下静謐の馳走、油断あるべからざる事専一に候」とあって、信玄が義昭に忠節を尽くすとの起請文を書いたようで、義昭はそれに応えてこの御内書を出し、「天下静謐」のために働くよう命じたとされてきた。

しかしながら、先に述べたように、元亀四年に年次比定される二月二十六日付けの越中勝興寺宛浅井長政書状によれば（愛県八六七号）、義昭が朝倉・浅井氏らに御内書を下し、明確に反信長の態度を明らかにしたのは元亀四年の二月になってからのことであった。義昭が信長包囲網の盟主になるような事態は、元亀三年、ましてや元亀二年にはなかったのである。さらに、この二点の文書は元亀四年のものであること、つまり信玄死後のものであることが明らかにされたため（鴨川二〇〇七a、柴二〇一四、初出二〇〇七）、上洛戦説はその主要な史料的根拠を失うことになり、もはや成り立たなくなったとしたのである。

ところが、いまだにこのような研究史に学ばず、「浅井・朝倉の軍が劣勢とみた足利義昭は、戦国の雄、甲斐の武田信玄に率兵上京を要請し、元亀三年（一五七二）一〇月、信玄はついに決断して上洛の軍を起こした」と、義昭が信玄に上京を要請し、それに応えて信玄が上洛の軍を起こしたとするような叙述がみられるのははなはだ問題である（笠谷二〇一六、六一頁）。なお、この二点の文書の年次比定については、その後反論も出されたが（柴辻二〇一三、初出二〇〇九）、あらためて元亀四年のものであることが再確認されている（柴二〇一六）。

上洛戦説が成り立たないとすると局地戦説になるが、拙著ではこれも重点の置き所や根拠において違いがあるものの、大きく分けて、対信長か、対家康かの二説あるとした（九四頁以下）。そして、後者の遠江ないし三河も含めた徳川領国の制圧が目的だったとする説の最大の弱点は、三方原の合戦に引き続いて、なぜ浜松城を落とさなかったのかというところにあるとして、これを否定した。同様の考え方はすでに鴨川氏も述べられていて、そこでは「別働隊に担当させてはいるものの、岩村を経て岐阜に進むこと、つまり岐阜を本拠地とする信長と対決することが本線であり、遠江・三河への一撃と飛驒への工作は、本線の南側と北側に安全地帯を作ろうとしたのだと解釈できるだろう」といわれている（鴨川二〇〇七a、一八〇頁）。筆者はすでに述べたように（本書一一五頁）、信玄の出馬と同時に岩村へ派遣された別働隊などはなかったと考えているので、その点を除く指摘については、ほぼ同意見である。

二者択一論の止揚

ところで、対家康が本来の目的だったとする説で、近年有力な流れとなっているのは、「遠江・三河侵攻こそが、当初からの信玄の行動目的」であり、「武田氏の美濃攻めは、このような遠江侵攻が展開するなかで、岩村遠山氏が武田氏へ従属したことにより持ち出されたことである」とする考え方である（柴二〇一四、八〇頁、初出二〇〇七）。拙著では、岩村城の遠山氏が武田氏に自発的に従属したことは認めながらも、「遠山氏の自発的従属は、出馬以前からの調略が功を奏し、武力をもって攻略する手間が省けたということであって、当初からの美濃への侵攻、それゆえ信長との対決の意図を否定する根拠にはならないであろう」とした（九七頁）。ところが、その後は柴説への支持が広がっている（小笠原二〇一一a、丸島二〇一三）。

これらの主張について、丸島和洋氏の最新の著書でみてみると、つぎのようにいわれている（丸島二〇一七a）。「信玄を挙兵に至らしめたものは何か。まず、鴨川達夫氏が指摘するように、本願寺顕如と朝倉義景の要請に応えたものであることはまちがいない」、「ただ、信玄がこの呼びかけに応じた最大の動機は、徳川家康への報復だろう」（一一五頁）。「ただ、信長との全面戦争は、必ずしも既定路線ではなかったようだ。当初の目的は家康への『三ヶ年の鬱憤を散じる』ことで、さしあたり遠江・三河制圧を目指した。その方針に変化をうながしたのは、美濃情勢である」（一一九頁）。「信玄は岩村城服属により、年明けの美濃侵攻を決断した」（一二一頁）。

これまでの柴説以来の流れを受けとめた見解であるが、さしあたり問題点として、つぎの三点を指摘することができるだろう。

第一に、信玄挙兵の最大の動機が家康への報復だとした場合、三方原の戦いで大勝したにもかかわらず、なぜ引き続き浜松城を攻略し、家康を討ち果たさなかったのかがやはり問題となる。

第二に、顕如や朝倉氏の要請に応えようとした面があることは否定しないが、それならば、彼らの要請は家康を討つことだけではなく、あくまでも信長との対決を期待していたのではなかったか。浅井長政は元亀四年二月の複数の書状で、「近日尾・濃へ馬を進めるべきの由候」（愛県八六三号）、「不日《ふじつ》尾・濃両州へ御発向、偏《ひとえ》に待ち奉る迄に候」（愛県八六五号）と、くり返し信長との対決を望んでいる。

第三に、岩村城の服属という美濃情勢の変化により方針が変更され、年明けの美濃侵攻を決断したとするが、兵站《へいたん》的にみて作戦途上でそのような変更が可能であろうか。遠江・三河への侵攻のみの場合と、美濃までの侵攻を予定していた場合とでは、出馬に際しての兵粮米をはじめとする準備状況が、相当違ってくるはずである。当初から美濃攻めをも予定に入れておかなければ、行軍途中でそのような決断はできなかったのではないか。

以上のような理由で、岩村城の服属によって美濃攻めの問題が生じてきたとするこれらの主張には、やはり同意できない。ただし、拙著では重点の置き所の違いとはいえ、対信長か、対家康かと、いわば二者択一的な整理を行った点については、再検討する必要があると考えている。

その際参考になったのは、戦国大名間の戦争が「国郡境目相論」、つまり領土紛争という性格を帯びていた（藤木一九八五）との指摘を受け、「武田氏にとっては、美濃での織田との確執、及び遠江での徳川との確執という二正面での境目相論に対処する出兵であり、対抗して織田・徳川が連合したということになろう」とした神田千里氏の見解である（神田二〇一四、一四一頁）。つまり、信長か家康かではなく、二つの境目相論を同時に解決するための出馬ということになり、二者択一的な見方は避けられる。これによれば、美濃侵攻も出馬当初からの目的だった、ということになるのである。

武田勝頼との抗争

勝頼の高天神城攻略

勝頼の家督相続

信玄《しんげん》亡き後の武田《たけだ》氏の家督は、四郎勝頼《かつより》が継ぐことになった。嫡男義《よし》信《のぶ》がいわゆる「義信事件」で亡き後、信玄は生前に勝頼を後継者と定めていたが、勝頼の家督相続はけっして順調に進んだわけではなかった。

諸書で一致して取りあげられているように（鴨川二〇〇七a・b、笹本二〇一一、平山二〇一四a・一七、丸島二〇一七a）、信玄の死から間もない四月二十四日付けで、勝頼は箕《み》輪《わ》城代兼西上野郡司の内藤昌秀《ないとうまさひで》宛に起請文《きしょうもん》を出している（戦武二一二二号）。その第二条より、内藤から先に起請文が提出されていることがわかるので、この起請文はそれへの返書ということになる。

内容は三ヵ条で、簡潔に述べるとつぎのようになる。①佞人《ねいじん》がいて、その方を誹謗するようなことがあれば糺明を遂げ、偽りの訴えをした者については処罰する。②今後しっかりと奉公するのであれば懇切にし、また国法や勝頼のためを思って異見するのであれば詳細に聞き届け、それを採用しなくとも処罰はしない。③たといこれまでは疎略な者であっても、今後とりわけ入魂《じっこん》にするのであれば、なおざりにはしない。

代替わりの際には往々にして起こりがちなことではあるが、勝頼と信玄に仕えた重臣たちとの間にも、早くも軋轢《あつれき》が生じていたことを示しており、この起請文によって大事に至らないよう、その修覆が図られたのである。とりわけ勝頼の場合は、当初は諏訪《すわ》勝頼といわれて武田氏の嫡流とはみなされていなかったこと、甲府入りに際して引き連れて来た高遠《たかとお》（伊那《いな》市）時代の勝頼家臣団がいたことなどのため、甲府の信玄家臣団、とりわけ重臣層とは軋轢が生じやすかったといえよう。

図26　武田勝頼（高野山持明院蔵）

さらに、いわゆる信玄遺言にかかわる問題がある。『甲陽軍鑑《こうようぐんかん》』によれば、死期を悟った信玄は主だった者を集めて遺言を残したという。長文であるが、主要な内容を三点にまとめられた丸島和洋氏の整理が簡明である（丸島二〇一七a）。すなわち、①三年秘喪《ひも》、②勝頼陣代・信勝《のぶかつ》家督、③当面の軍事・外交方針の指示、である。

①は三年間は喪を秘すことを命じ、弔《とむら》いは無用で、三年目の亥《い》の四月十二日に、遺骸に具足を着けて諏訪湖に沈めよといっている。亥の年ということで、「足かけ三年」後ということになる。秘喪のための手立てのひとつとして、信玄は判紙《はんがみ》（花押《かおう》だけを据えた白紙）を八〇〇枚ほど用意し、長櫃《ながびつ》より取り出して各人に渡したという。

勝頼は当初この信玄の遺言を守り、信玄の死後もその生存を装って、信玄名での書状を出しており、現在知られているのは表3にみられる八点である。大藤与七《だいとう》宛の5では、追而書《おってがき》で「不例本復無きの間、直判能わず候」と、病気が本復しないので花押が書けないと弁明しているほどである。その中には、他方で花押を据えたものが五点あり、花押は本人が書くのが原則であるため、いずれも信玄生前のものとみなされ、たとえば『戦国遺文武田氏編』では、2・6は元亀二年、3・7・8は元亀三年に年次比定している。

しかしながら、文書の内容からすれば、いずれも信玄死後の元亀四年に年次比定されるべきもので、そのため、判紙八〇〇枚を用意したという話は事実なのかもしれないといわれたりしてきた（平山二〇一四a・一七）。ところが、花押については祐筆《ゆうひつ》があらかじめ輪

表3　元亀4年（1573）信玄名で出された勝頼書状

番号	月　日	差　　出	宛　　先	出　典
1	5月6日	信玄（「晴信」朱印影）	下間頼廉（本願寺坊官）	2123号
2	5月17日	信玄（花押）	岡国高（松永久秀家臣）	1710号
3	5月20日	信玄（花押）	安養寺（美濃本願寺派）	1897号
4	5月20日	信玄（「晴信」朱印）	大藤与七（北条氏家臣）	2128号
5	5月21日	信玄（「晴信」朱印）	大藤与七（北条氏家臣）	2129号
6	7月3日	信玄（花押）	（越中衆ヵ）	1725号
7	9月29日	信玄（花押）・勝頼（花押）	鍋山顕綱（三木自綱弟）	1962号
8	10月1日	信玄（花押）・勝頼（花押）	勝興寺（越中本願寺派）	1966号

注　出典は，『戦国遺文武田氏編』の文書番号である．

郭線を書いてから、その中を墨で塗りつぶすことがあったようだといわれたので（丸島二〇一七a）、そうなると判紙などはなくても、勝頼は信玄の花押を使えたことになる。

②は勝頼の家督相続にかかわる問題である。『甲陽軍鑑』によれば、信玄は勝頼の息子で七歳の信勝が一六歳になると家督となし、その間は勝頼に陣代《じんだい》（名代《みょうだい》）を申し付けるといい、孫子《そんし》の旗など武田当主を象徴する旗を勝頼には持たせないといったという。もし信玄が本当にそのような遺言を残したとすれば、勝頼の権威は損なわれ、政治的に大きな打撃を被ることになっただろう。

しかしながら、最近では勝頼は正式に武田氏家督を継承しており、それは家臣団や同盟国も認めるところであり、『甲陽軍鑑』がいう「勝頼陣代」説は虚構ないし創作とみなす説が出ている（丸島二〇一七a）。たとえば、七月十四日付けの甲斐の長延寺《ちょうえんじ》宛北条氏政《ほうじょううじまさ》書状では、「勝頼御家督に就き、（略）改めて両国誓詞を取り替わせ、浮沈共に申し合わせ候」とあり、勝頼の家督相続により、あらためて誓詞を交換するといっている（戦武四〇七四号）。また、九月二十一日付けの本願寺顕如《ほんがんじけんにょ》書状案によれば、法性院《ほっしょういん》殿宛では、「御家督の儀、四郎殿へ御譲与の事、珍重に存じ候」といい、武田四郎殿宛では、「今度御家督の儀、尤も千喜万悦目出覚え候」といっている（戦武四〇七五・七七号）。すなわち、同盟関係にある北条氏政や本願寺顕如らは、勝頼が家督を相続したと認め、同盟関係の継続を確認しているのである。

③では、「構《かま》えて四郎合戦数奇《ずき》仕るべからず。幷《ならび》に信長・家康果報の過ぎるを相待つ事肝要なり」と、秘喪中の三年の間は合戦を避けるよう言い残している。

家康の攻勢

信玄の喪を秘すという勝頼の努力にもかかわらず、信玄死去の噂はたちどころに広がった。三方原《みかたばら》の戦いで大勝し、野田《のだ》城を落とした武田軍が、長《なが》篠《しの》城でしばらく滞在した後、信濃から甲府へと引き揚げたのであるから、信玄の身に何かが起こったことは間違いないとみなされた。早くも四月二十五日付けの河田長親《かわだながちか》宛河上富《かわかみとみ》信《のぶ》書状によれば、「信玄の儀、甲州へ御納馬候。然る間、御煩いの由候。又死居（去）なされ候共申し成し候。如何、不審に存知候」と（上越一一五二号）、飛騨の国衆江馬《えま》氏の家老富信は上杉《うえすぎ》氏の重臣長親に、信玄が病気か、あるいは死去したかと報じている。長親はさっそく同月晦日付けで、「信玄遠行必定の由」と（上越一一五三号）、信玄死去は間違いないと謙信《けんしん》に伝えている。

家康もまた武田軍の行動に不審を感じ、真相を探る手立てとして、五月になると武田領の駿河に兵を出した（史料16一七三頁）。六月二十六日付けの謙信書状によれば、信玄が死去したことは間違いないとし、その根拠として、「徳川家康五月上旬にも、久野《くの》（能）・根《ね》小《ご》（古）屋《や》をはじめ、駿府在々打ち散らし、引き返され候き。重ねて乱入の由に候」といい（上越一一六一号）、徳川方が駿府あたりまで乱入できたということで、信玄の死去を確信している。ただし、後年の諸書では、家康は五月六日に岡崎《おかざき》から出馬し、九日に駿府に近い岡部《おかべ》町（藤枝市）を焼き払うなどして、十日には懸川《かけがわ》へ帰ったといわれている。それゆえ、岡部まで行ったことはたしかであるとしても、駿府・久能あたりまで踏み込んだとするのは、やや誇張して謙信に報じた可能性がある（平山二〇一四a）。

ついで、家康は七月に入ると奥三河の要衝長篠城（新城市）に向かった。そして、九月に長篠城を攻略したことは、家康にとって大きな意味をもった（史料18四五頁）。のちの長篠合戦の、いわば伏線にもなったのである。

勝頼も手をこまねいていたわけではなく、七月晦日付けの奥平道紋・定能父子宛の書状写によれば（戦武二一四三）、二十三日から小笠原信嶺《おがさわらのぶみね》をはじめ、断続的に後詰の軍勢を送っていた。今日も武藤喜兵衛尉《むとうきひょうえのじょう》（真田昌幸《さなだまさゆき》）・山県善右衛門尉（三枝昌貞《さいぐさまささだ》）が出陣したといい、「勝頼も上・信の人衆を引き付け、三日の内に打ち着くべく候」と、出馬の意欲を示していた。そして、勝頼が着陣するまでの間、家康を引き留めておくよう命じたのであるが、この後で述べるように、定能はこの時期にはすでに、家康との交渉を始めていたのである。

また、八月二十五日付けの山県昌景《やまがたまさかげ》宛書状では、「よって敵今に長篠在陣の由候条、そこ許《もと》の働き工夫有りて、如何様《いかよう》にも家康そこ表へ人数を分け、長篠後詰を成し候の様、穴左（穴山信君《あなやまのぶただ》）・逍遥軒《しょうようけん》（武田信廉《たけだのぶかど》・信綱《しんこう》）・朝駿（朝比奈信置《あさひなのぶおき》）・岡丹（岡部長教《おかべながのり》）・岡次（岡部正綱《まさつな》）等と談合有りて、調略尤もに候。畢竟《ひっきょう》二俣《ふたまた》へ飛脚を付け、家康引間《ひくま》まで退散の有無聞き届けられ、人数を入れらるべき事肝要に候」と（戦武二一五五号）、長篠城の後詰の態勢を取ることや、二俣へ飛脚を送り家康の動静を探るよう指示していた。

さらに、九月八日付けで真田信綱に対し、「長篠の模様心許なきの旨」「遠州働きの衆は直ちに二俣を通り長篠へ出勢すべきの旨、下知を成し候」と（戦武二一七二号）、遠州の武田勢に二俣から長篠へ出陣するよう下知した、と伝えている。しかしその甲斐もなく、九月十八日付けの穴山信君《のぶただ》宛の勝頼書状によれば、「そもそも今度長篠後詰として、遠州に至り行《てだて》の儀憑《たの》み入り候の処に、始中終《しちゅうじゅう》（しょっちゅう）御肝要の由、祝着に候、これにより彼表残りなく撃砕、本望満足に候。然りといえども長篠存外の仕合、無念千万に候」

図27　長篠城跡

と（戦武二一七七号号）、穴山が長篠後詰のため遠州にまで至り、徳川方を破ったことをねぎらいながらも、長篠城が攻略されたことを「無念千万」といっている。

　この長篠城攻めの最中に、武田方に降っていた山《やま》家《が》三方衆《さんぽうしゅう》の内部で対立が起こって、作手《つくで》（新城市）の奥平定能《さだよし》・信昌《のぶまさ》父子が離反し、家康に帰順するという事態が生じた（柴二〇一四、初出二〇〇六、平山二〇一四a）。作手の奥平氏や田峯《だみね》・長篠（同）の両菅沼《すがぬま》氏らは前年に信玄に降り、信玄からは七月晦日付けの定能宛定書写によって、本地・新地の安堵が行われていた（戦武一九二九号）。ところが、東三河の牛《うし》久保《くぼ》（豊川市）領の配分をめぐって、田峯の菅沼定忠《さだただ》と奥平定能との間で対立が起こった。定能は使者倚学《きがく》を甲府に派遣し、この問題を武田氏に訴えたようである。

これに対して勝頼は、六月晦日付けで三方衆に定書を出して対処しようとしたのであるが、この問題に裁定を下すことはなく、「是非を抛《なげう》ち、三方談合候上、牛久保領増減なく配分あるべく候事」として（戦武二一三一号）、その解決を三方内での談合に委ねたのである。のみならず、七月七日付けの定能宛長坂光堅《ながさかこうけん》書状写によれば、「少々御存分に合わざる儀候といえども、御異議なく御落着肝要に候」と（戦武二一三八号）、むしろ定能側に譲歩を促すような指示であった。

なお、この勝頼定書と光堅書状との関係についてであるが、平山優氏は勝頼定書が発給されて十日も立たないうちに三方衆内部の対立が激化して談合は決裂し、そこで定能は倚学を甲府に派遣して武田氏に上訴し、その返答が光堅書状であると位置づけられている（同、七九頁）。しかしながら、甲府～新城間ではおよそ四、五日はかかるので、六月晦日付けの勝頼定書が届いてから談合があって決裂し、それから倚学を甲府に派遣したとすれば、七月七日付けで光堅が返書を出すというようなことは、日程的にみて不可能である。

おそらく、定能が倚学を甲府に派遣したのは六月初め頃で、それを受けて武田氏側で検討した結果出されたのが、勝頼定書と光堅書状ということになるだろう。勝頼定書には、この定書を持ち帰る倚学らから、口上でも聞くようにとの付記がある。光堅書状は、いわば副状《そえじょう》に準ずるものといえよう。

このような武田氏の対応に不満を抱いた定能は、武田氏から離反し、子息信昌とともに徳川氏に帰順することになり、家康にとっては山家三方衆の一角を切り崩す大きな成果となった。なお、定能の父定勝（道紋）は、引き続き武田方に忠誠を尽くすとして残った。家康はこれを好機として懐柔に努め、八月二十日付けで奥平定能・信昌父子宛に起請文を出した（家康文書一九八頁）。内容はつぎの七ヵ条である。

①信昌と家康息女亀姫《かめひめ》との婚姻については、九月中に祝言を挙げ（実際は天正四年）、今後は奥平氏を見放すことはない。②本地はもとより遠州の知行地も安堵する。③田峯菅沼氏の所領や親類・被官らの知行、遠州の知行なども与える。④長篠菅沼氏の所領などについても同様である。⑤新知行三〇〇〇貫文を、三州・遠州で半分ずつ与える。⑥三浦氏の所領も、今川氏真に断って与えるようにする。⑦織田信長からも起請文を取り、送るようにする。信州伊那郡の要望についても信長に伝える。

この最後の条項からは、信長の関与がうかがわれる。勝頼はこれに対して報復に出て、人質となっていた定能の子息千代丸《ちよまる》らを、わざわざ甲府から三河へ連れてきて、九月二十一日に処刑した（愛県九〇八号）。『当代記《とうだいき》』によれば、定能・信昌父子はこの後作手を出て、宮崎・滝山（岡崎市）などを拠点に武田軍と戦った。

高天神城の攻略

天正二年（一五七四）になると、一転して、勝頼の攻勢が活発になった。まず、正月二十七日に東美濃の岩村《いわむら》城に入り、明知《あけち》城（恵那市）を囲んで二月になってこれを攻略した（史料21二六頁）。『信長公記《しんちょうこうき》』によれば、信長は二月一日に先陣を送り、五日には信忠とともに出馬した。七日に明知城の救援を行おうとしたが、山中の難所のため武田軍との交戦が叶わず、しかも城内にて飯羽間《いいばさま》右衛門の裏切りがあり、落城となったという。『甲陽軍鑑』によれば、武田軍の攻勢はさらに続き、この年二月半ばから四月上旬にかけて、信長が作った砦や美濃先方衆で信長に降った者たちの城など、一八ヵ所も責め落としたといっている。その中には奥三河の武節《ぶせつ》城（豊田市）も含まれており、いずれにせよ、今回の勝頼の出馬により、武田方の勢力は東美濃・奥三河に広く及ぶことになった。

ついで、勝頼は五月に入ると二万五〇〇〇ともいわれる軍勢を率いて遠江に侵攻して（「大須賀記」）、十二日には中遠の要衝である高天神《たかてんじん》城（掛川市）を囲んだ（史料22一二九頁）。高天神城の守将は小笠原氏助《おがさわらうじすけ》であり、氏助は信玄の遠江侵攻に際して、いち早くその軍門に降ったのであるが、信玄の死後に家康が遠江で巻き返しを図った折りに、ふたたび家康に帰順したものとみられる。

武田方では大軍でもってきびしく攻め立て、五月二十八日付けの勝頼書状によれば、

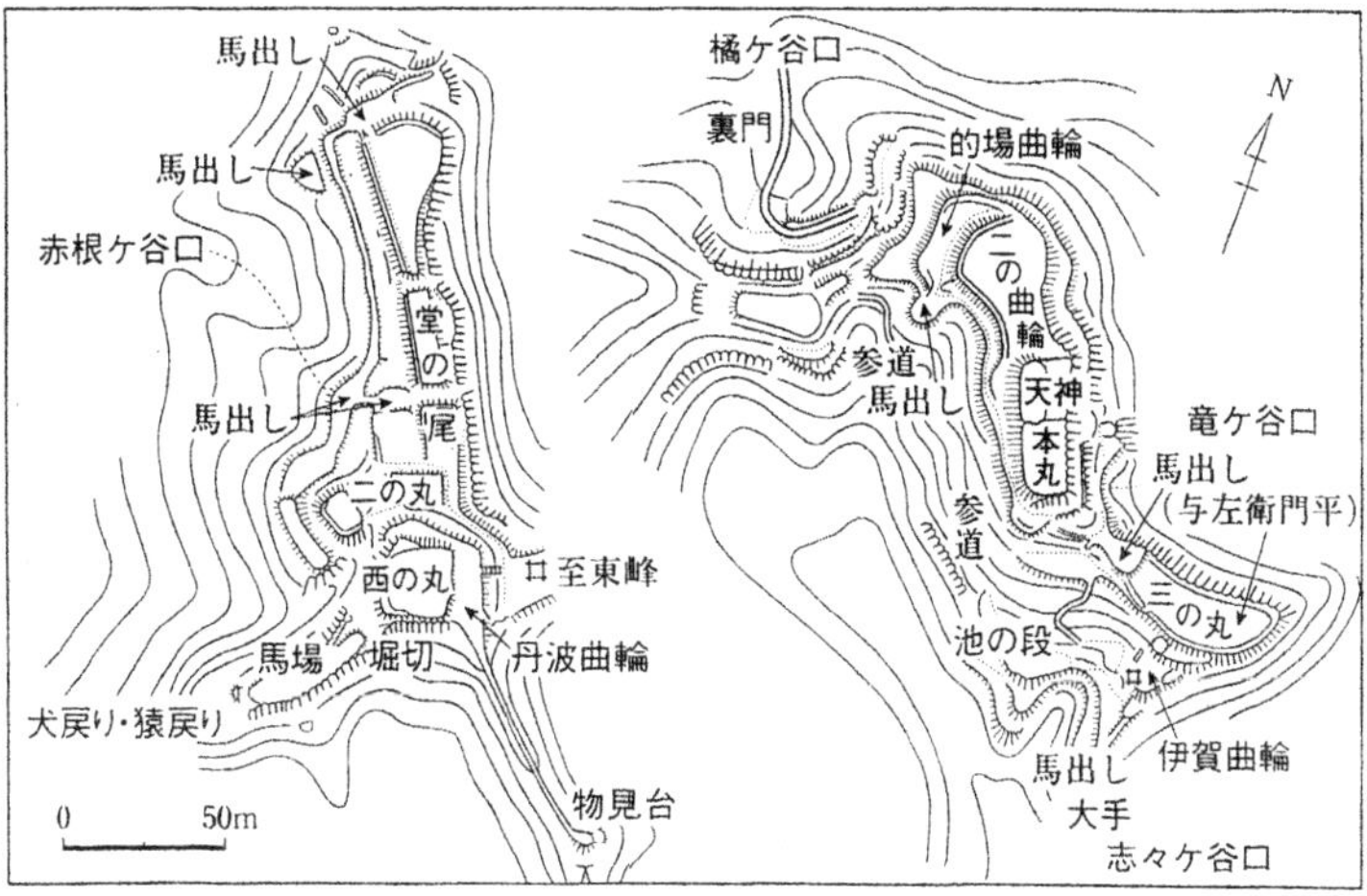

図28　高天神城縄張り図（『日本城郭大系』9）

「当城涯分油断なく諸口相稼ぎ候故、本・二・三の曲輪《くるわ》塀際まで責め寄せ候、落居十日を過ぐべからず候」と、十日もたたずに落城に追い込むといい、また「昨今は種々悃望《こんもう》候といえども、許容能わず候」と、降伏の打診もあるが許容しないといっている（戦武二二八九号）。しかしながら、実際には和睦・開城の交渉も行っており、この書状よりも早い二十三日付けの穴山信君宛書状では、「小笠原の所望に任せ、誓詞これを遣わし候。相渡さるべく候。その外合力幷《ならび》に領知等の儀も一々領掌せしめ候」といっている（戦武二二八八号）。つまり氏助の要望についてはいっさい承知したとして、起請文を書いてこれを渡すよう、信君に指示している。

他方で家康側の動きをみると、二十二日付

けの匂坂勝重《さきさかかつしげ》宛判物によると、「今度高天神通路なきの処、使《つかい》として出入り忠節の至り也」とし、その賞として宇苅郷（袋井市）で一〇〇貫文を与えるといっている（静県8七五六号）。つまり、高天神城から脱出した匂坂勝重が、使者として浜松の家康に窮状を訴えたことを賞しているのである。単独では後詰が叶わない家康は、さっそく織田信長に援軍を求め、勝重には支援に赴くことを約した。帰城した勝重に対して、二十五日付けで小笠原氏助もその功を賞し、城東郡で万疋（一〇〇貫文）を与えるといっている（静県8七五八号）。

高天神城は五月末には危機的な状況になっていたのであるが、六月に入るとますます状況はきびしく、十一日付けの大井高政宛勝頼書状によると、「昨日塔尾《とうのお》と号する随分の曲輪乗っ取り候。本・二両曲輪ばかり指し措き候。但し三日の内に責め破るべく候」と、落城寸前に追い込まれていた。五月中に勝頼からの起請文を受け取りながら、小笠原氏助がなお抵抗を続けたのは、高天神城内の事情があった。早々と和睦交渉に入ろうとした氏助に対して、叔父の義頼《よしより》を中心とする一党が強く反発し、和睦・開城に踏み切るのを拒んでいたのである（『寛政重修諸家譜《かんせいちょうしゅうしょかふ》』第十九）。しかしながらついに抗しきれず、十七日に降伏・開城に至った（史料23一頁）。義頼らは和議が整い出城して浜松に去り、やがて大須《おおす》賀《が》康高《やすたか》に属して馬伏塚《まむしづか》城（袋井市）に至った。

他方で、信長の出馬は遅れ、六月七日付けの横井時泰《よこいときやす》宛信長書状では、「よって遠州表出馬の事、来る十四日に相定め候」といい、時泰に岐阜《ぎふ》城の当番を命じている（静県8七六三号）。岐阜から実際に出馬したのも十四日であり、十七日には吉田《よしだ》城（豊橋市）に着陣し、十九日に今切《いまぎれ》（湖西市）で渡海しようとしていたところに落城の知らせが入った。信長の嫡男信忠《のぶただ》は、六月二十一日付けの生母生駒《いこま》氏宛書状において、「遠州表の儀、即時に利運申し付くべきの処、高天神城今少し相抱えざるによりて、行《てだて》（軍事行動）に及ばず候。無念に候」といっている（静県8七六三号）。

信長が吉田まで引き返したところへ、家康も浜松《はままつ》からやって来て、今回の出馬への礼を述べた。その折りに、信長は兵粮代として黄金が入った皮袋二つを家康に与えたことが、『信長公記《しんちょうこうき》』や『松平記《まつだいらき》』をはじめ諸書にみられる。『当代記』によれば、この年遠州では不作だったということで、それへの合力《ごうりき》だったともいわれている。信長は当初勝頼をみくびっていたが、明知城についで高天神城をも攻略されたということで認識を改め、六月二十九日付けの上杉方への条書で、「四郎若輩に候といえども、信玄の掟を守り、表裏たるべきの条、油断の儀なく候」といっている（上越一二二三号）。

勝頼支配の進展

高天神城で降伏した小笠原氏助は、その後武田氏の遠江先方衆として取り立てられ、「信」字と官途名《かんどめい》をもらい、「弾正少弼信興《だんじょうしょうひつのぶおき》」と名乗って、引き続き高天神城の守将となった。信興が判物や朱印による文書を発給しているのは、天正二年七月十四日付けの判物（静県8七八九号）をはじめ一四通確認され（本多二〇〇八、初出二〇〇一）、武田氏配下の国衆として高天神城周辺の支配に携わっていたことがわかる。

勝頼自身による直接の遠江支配も進み、中遠地域を中心とする寺社や武将に対する判物ないし朱印による発給文書がかなりみられる。いずれにしても、高天神城を攻略されたことは、家康にとっては浜松城を脅かす拠点を築かれたことになり、大きな打撃であった。さっそく高天神城に対抗するため馬伏塚《まむしづか》城を修復し、これに大須賀康高を入れて備えを固めたのであった（史料24四頁）。

勝頼の遠江遠征は九月にもあり、二万余りの軍勢で七日には天竜川にまで至り、家康も七〇〇〇の軍勢を率いて小天竜川に陣して、これに備えたという（同一八四頁）。この時は両軍の決戦には至らず、勝頼は兵を引き、二俣（浜松市天竜区）から井伊谷《いいのや》（浜松市北区）を経て信州伊那へと去って行った。

この勝頼の出張の折りに、「すわの原新地を取り立て」（「大須賀記」）、「勝頼遠州諏訪原において新城を構え」（「記年録」）といわれているように、諏訪原《すわばら》城（島田市）の修築を行った。十一月四日付けの天徳寺《てんとくじ》宛勝頼書状で、「然らば久野・懸川等の敵城押し詰むべけんがため、佐夜《さや》郡において地利を築き候」（戦武二三七四号）という佐夜郡の地利とは諏訪原城のことである。前身は金谷《かなや》城といわれたが（『静岡県の中世城館跡』）、今回の修築に際して勝頼ゆかりの諏訪大明神にちなみ、改称されたのであろう。

なお、諏訪原城の築城は前年の十一月ともいわれ（史料18二九七頁）、それを採用する説もある（大塚二〇一三、柴二〇一七a）。しかしながら、右の十一月四日付け勝頼書状は、『大日本史料』や『静岡県史』資料8では天正元年としているが、『戦国遺文武田氏編』のごとく、天正二年に年次比定すべきものである。また、『当代記』によれば、天正元年には勝頼出馬に関する記載はなく、浜松に向けての勝頼の出馬は天正二年のこととし、「さて帰国の砌《みぎり》、諏訪原の城を取り立て、普請丈夫にせしめ帰国也」とあるので、やはり天正二年とみる方がよいだろう。

長篠の合戦

勝頼の三河侵攻

天正三年（一五七五）は、信長・家康と勝頼とにとって、大きく明暗を分ける年となった。いうまでもなく、五月二十一日のいわゆる長篠の合戦で、武田方は歴戦の勇将が多数討取られるというように、壊滅的な打撃を被ったからである。勝頼はなぜこの年、三河への侵攻を敢行したのであろうか。これには、主としてつぎのような二つの動機・目的があったと考えられる。

一つは、徳川氏の内部に、大岡弥四郎《おおおかやしろう》事件といわれた一種のクーデター計画があったことである（史料29二六九頁、柴二〇一五・一七a）。岡崎城の信康の家臣で、岡崎町奉行を務めていた大岡らが武田氏と通謀し、武田方の軍勢を三河足助《あすけ》（豊田市）方面から岡崎城に引き入れ、浜松城の家康に対抗しようとしたのである。この計画は一味の中に密告するものがあって発覚し、家康がただちに処断したため未遂に終り、足助方面に侵攻してきた武田軍は攻撃の鉾先を転じることになった。なお、この事件については、この後の「松平信康事件」の節で、あらためて取りあげることとする。

今一つは、勝頼自身が四月二十八日付けの書状で、「この所畢竟《ひっきょう》織田上洛の上、大坂《おおさか》へ取り懸り候由候の条、後詰《ごづめ》第一の行《てだて》に候」といっているように（戦武一七〇一号）、信長の攻撃に直面していた大坂の石山本願寺《いしやまほんがんじ》への支援を図ろうとしたものでもあった（鴨川二〇〇七b）。最近では信長の本願寺攻めとのかかわりをもっと積極的にみて、「長篠の戦い」は「石山合戦」の過程で副次的に生じた戦いであったのではないか、ともいわれている（金子二〇一七b）。

いずれにしても、四月に入ると武田方の足助方面での攻勢が活発になるが（史料29三四六頁）、当初これを担ったのは、「御先衆《おさきしゅう》」とよばれた先鋒隊であった。勝頼自身の出馬は、四月十三日付けの内藤昌月《ないとうまさあき》宛書状で、「よって明後十五日出馬の旨、覚悟候の処、駿州在陣の人衆帰陣遅々候の間、廿日まで延引せしめ候」とあるように（同二七七頁）、四月下旬になった。四月十二日には甲府の躑躅《つつじ》ヶ崎《さき》館内で信玄の三回忌法要が営まれているので（黒田二〇一五、丸島二〇一七a）、それ以前の出馬はあり得なかった。

三河での戦況については、四月晦日付けの武田信豊《たけだのぶとよ》と山県昌景《やまがたまさかげ》の書状写に詳しい（戦武

図29　足助城跡

一七〇三・〇四号)。すなわち、武田軍が十五日に足助城を囲んだところ、城主鱸《すずき》越後父子が降伏したため、十九日にこれを接収した。浅賀井《あさがい》(豊田市)をはじめとする近辺の小城五つほどは、戦わずに自落した。ついで東三河に向かい、野田城(新城市)を攻めて菅沼定盈《さだみつ》を追いやった。二十九日に吉田(豊橋市)方面に迫ったときには、昌景が「御屋形様御眼前の事候条」というように、勝頼の本隊も合流し、二連木《にれんぎ》城(同)の戸田康長《とだやすなが》は敗走した。しかし、支援にやって来た家康が吉田城に立て籠ったため、これを力攻めにすることなく、城下を焼き払っただけで長篠城へと向かった。

武田軍が長篠城を囲んだのは、『当代

記』によれば五月一日としていて、四月晦日付けの下条信氏《しもじょうのぶうじ》宛勝頼書状で、「この上長篠へ一動《ひとはたら》き催すべく候」といっているので（戦武一七〇二号）、たしかな史料によっても裏付けられる。長篠城の守将は、この年二月に入城したばかりの奥平信昌《おくだいらのぶまさ》であった。信昌は二年前に父定能とともに武田氏から離反して家康に降り、八月には起請文を与えられて家康の娘婿になることが約束されていた。そのため、武田氏は長篠城が奥三河の要衝であるということだけではなく、信昌への遺恨からも長篠城をきびしく攻めることになった。他方、信昌の方もそのような事情から、武田方に降るというような選択肢はあり得ず、この後、頑強に抵抗することになったのである。

なお、信昌の「信」字は、『寛永諸家系図伝《かんえいしょかけいずでん》』第六などで、天正三年八月に信昌が酒井《さかい》忠次《ただつぐ》とともに岐阜に赴いて信長に謁した折りに、信長から「諱《いみな》の字」を給わったといわれていることなどもあり、「信長の諱の一字をたまわり」とされることも多い（笠谷二〇一六、六七頁）。しかしながら、すでに元亀四年（天正元）とされる文書で「九八郎信昌」と署名していることからすれば（柴二〇一四、初出二〇〇六、表のNo.29文書）、武田氏に従属していた時期に、武田氏の通字「信」を与えられたものとみる方がよいだろう。

勝頼は医王寺《いおうじ》山に本陣を置き、一万五〇〇〇ともいわれる軍勢で長篠城を囲んだ。長篠城は南側を寒狭《かんさ》川（『信長公記』では滝沢《たきざわ》川）、東側を大野《おおの》川（同、乗本《のりもと》川）という二つの川

図30　長篠城本丸跡

を天然の堀とし、その合流点内側の段丘《だんきゅう》上に築かれた要害であった。そのため、北側や西側から攻めることになるが、『当代記』によれば、武田軍は竹束によって鉄炮や弓矢から身を守りながら攻め寄せ、また金堀人足《かなほりにんそく》を使って堀や塀を切り崩し、昼夜を問わず攻め立てたという。十一日には合流点である「渡合《どあい》」の南の門際で激戦となり、十三日には「瓢丸《ふくべまる》」が乗っ取られそうになった。これらの窮状を訴える使者となったのが鳥居強右衛門《とりいすねえもん》であり、帰城にあたり武田軍に捕縛されたが、城内の味方に信長・家康の来援が近いことを告げて励まし、磔《はりつけ》になったといわれている。

信長の出馬

信長は前年に、勝頼によって明知城や高天神城を攻略されたことで、勝頼を侮りがたい敵として認識するようになった。そのためもあってか、天正三年になると武田方が三河に侵攻してくる以前の三月はじめに、家康に兵粮米《ひょうろうまい》を送るとともに、佐久間信盛《さくまのぶもり》を遣わして家康方の備えを検分《けんぶん》させた（史料28四〇七頁）。信盛が遣わされたのは、信長と家康との取次《とりつぎ》（仲介役）だったからである。この兵粮米の件は、三月十三日付けの信長宛家康書状で確認されるが（同）、『当代記』によれば、信長から送られた兵粮米は二〇〇〇俵であり、境目の城々へ入れ置くようにということで、家康は長篠城にも三〇〇俵を入れて籠城に備えさせた。

武田軍の三河侵攻により、単独では対抗できない家康は、ただちに信長に使者を送って援軍を求めた。ところが、『信長公記』によれば、信長はこの時期には上洛しており、四月六日には一〇万ともいわれる軍勢を率いて、本願寺方の三好康長《みよしやすなが》が立て籠る高屋《たかや》城（羽曳野市）を攻めるため、河内に向かい出馬した。十六日には本願寺が築いた出城の新堀《にいぼり》城（堺市）を攻め、十九日に十河因幡守《そごう》・香西《かざい》越後守らが討たれて落城した。このため、康長は籠城を断念し、信長の側近松井友閑《まついゆうかん》を通じて降伏を申し出た（史料29二三四頁）。これによって、阿波三好家は畿内におけるすべての拠点を失うことになったといわれている（天野二〇一六）。信長は康長の降伏を赦し、高屋城をはじめとする河内の諸城を破却して二十一日に京都に凱旋し、二十八日に岐阜に帰城したのであった。

信長が長篠城の後詰のため岐阜から出馬したのは、五月十三日のことであった（史料29四一九頁）。十八日に有海原《あるみはら》に着くと長篠城の救援に向かうことなく、進軍をとどめてこの地に布陣することとなった（同四九六頁）。結果的に決戦の場となったこの地は、これまでは一般に「設楽原《したらはら》」とよばれてきたが、これは参謀本部編『日本戦史長篠役』以来普及したもので、『信長公記』では「あるみ原」といわれていることが早くから指摘されており（藤本一九九三）、本書でも『信長公記』に従って「有海原」とする。なお、『三河物語』でも、「有海原へ押し出し」たといっている。

『信長公記』によれば、信長は志多羅《したら》の郷極楽寺《ごくらくじ》山に本陣を構え、嫡男信忠《のぶただ》は新御堂《にいみどう》山に陣を取った。窪地がある地形を利用して、三万もの軍勢が敵にみえないように、段々に配置したという。先陣は国衆という習いにより、家康は前面に出て連吾《れんご》川を前にし、高松《たかまつ》山に陣を敷いた。その左手に、滝川一益《たきがわかずます》・羽柴秀吉・丹羽長秀《にわながひで》の三人が、同じく有海原に打ち上って展開し、家康と一益の陣の前には、馬防のための柵を設けた。

この馬防柵《ばぼうさく》については、五月十九日付けで石川数正《いしかわかずまさ》・鳥居元忠《とりいもとただ》宛の家康書状があり、「先刻申し含め候場所の事、様子見届けられ、柵等よくよく念を入れらるべき事肝要に候」と指示している（愛県一〇九五号）。この文書については、一緒に戦場に来ている家来になぜこのような手紙を書くのか、伝令を走らせればよいことだとして、後作の疑いがあるともいわれている（新行一九九七）。ただ、「先刻申し含め候場所の事」とあることからすれば、あらためて念押しのために文書で指示をしたともみられ（平山二〇一四b）、また

図31　有海原の馬防柵

『岡崎市史別巻徳川家康と其周囲中巻』所収の写真版によると、原文書にそれほど違和感はないので、ここでは馬防柵設営を裏付けるものとしておきたい。

他方、武田軍の対応をみると、信長・家康らの後詰の軍勢を迎えて、長篠城や鳶《とび》ノ巣山《すやま》砦などの付城に押えの兵を残し、勝頼は本隊を率いて滝沢川（寒狭川）を越えて有海原に進軍した（史料29五〇五頁）。勝頼がそのような判断をするに至った事情は、五月二十日付けの長閑斎《ちょうかんさい》および三浦員久《みうらかずひさ》宛のほぼ同文の勝頼書状によくあらわれている（戦武二四八八・八八九号）。陣中見舞いの書状に対する返書であるが、そこでは、「然らば長篠の地、取り詰め候の処、信長・家康、後詰として出張候といえども、指したる儀なく対陣に及び候。敵、行《てだて》の術《すべ》を失い、一段と逼迫《ひっぱく》の躰《てい》に候の条、無二に彼の陣へ乗り懸り、信長・家康両敵共、この度本意《ほい》を達すべき儀、案の内に候」といって、自信のほどを示している。

すなわち、勝頼は信長・家康の軍勢が直接長篠城の救援に来ず、有海原にとどまり、馬防柵で守りを固めたことにより、「敵、行の術を失い、一段と逼迫の躰に候の条」と、敵は臆したと考えたようだ。また、信長が巧みに兵を隠したことも功を奏したようで、敵は大軍ではないとみて、一気に乗りつぶせると考えたのだろう。こうして、武田軍もまた有海原に布陣し、連吾川を挟んで両軍が対峙することとなった。

なお、右の書状の宛先である長閑斎《ちょうかんさい》は、長らく長坂光堅《ながさかこうけん》と考えられてきて、『甲陽軍鑑』がいう合戦直前の軍議の場に光堅がいることはあり得ないとして、『甲陽軍鑑』は信憑性がないとすることの象徴のようにいわれてきた。しかしながら、書状の宛先は光堅とは別人で、その当時久能《くのう》城（静岡市駿河区）の守将であった今福《いまふく》長閑斎であることが明らかにされたので（平山二〇〇九）、長坂釣閑斎光堅は軍議の場にいたことが確実になった。

有海原の決戦

こうして、いよいよ五月二十一日の有海原での決戦を迎えることになるが、その前哨戦であり、ある意味で決戦での帰趨を決めるような意味合いをもったのは、鳶ノ巣山砦への奇襲攻撃であった。『信長公記』によれば、「御身方一人

図32　有海原古戦場

も破損せざるの様に御賢意《けんい》を加えられ」ということで信長が策をめぐらし、酒井忠次を召し寄せて弓・鉄炮にすぐれたものを二〇〇〇ほど集めさせ、これに信長の馬廻《うままわり》の鉄炮五〇〇挺と金森長近《かなもりながちか》らを検使として相添え、合わせて四〇〇〇ほどの別働隊を編制した。なお『三河物語』では、この作戦は、忠次の方から信長に献策したとしている。

忠次率いる別働隊は、二十日の戌《いぬ》の刻（午後八時頃）に出立し、乗本川（越えたのは合流後なので豊川《とよかわ》）を越えて南の深山を迂回し、翌二十一日辰《たつ》の刻（午前八時頃）に凱声《ときのこえ》をあげ、数百丁の鉄炮を放って鳶ノ巣山砦を襲撃した。これを守備していた勝頼の叔父武田信実《たけだのぶざね》らは討死し、砦の守備兵らが敗走したため、これを追いながら長篠城に入り、城兵ともども長篠城押えの武田軍を追い払った。このため、有海原の武田軍は、いわば退路を断たれたような状態に追い込まれたのであった。

決戦の場での戦闘は、『信長公記』では「日出《ひので》より、寅卯《とらう》の方（東北東）へ向って未《ひつじ》の刻（午後二時頃）迄、入替々々相戦い」とあり、『松平記』でも「卯《う》の刻（午前六時頃）に合戦初（始ま）る」とあるので、合戦は早朝から始まったとみてよいだろう。『大須賀記』によれば、「二十一日午《うま》の時（午前一二時頃）より未の時（午後二時頃）まで、互に軍場を取りつ取られつ、終《つい》に敵敗軍仕り、その後信長公の御人数柵の内より出でて、参州衆一つになり敵を追い討ち、滝川（滝沢川）の橋まで首二千余り打ち取り申し候」といっている（愛県一一五六号）。これによると、戦いが終わった時刻は『信長公記』とも一致しているので、未の刻（午後二時頃）とみてよいだろう。『大須賀記』がいう「午の時より未の時まで」というのは最後の激戦、とりわけ敗走する武田軍への追撃戦を指しているものとみられる。

さて、信長は『信長公記』によると「鉄炮千挺」ほどを、佐々《さっさ》・前田《まえだ》・野々村《ののむら》・福富《ふくとみ》・塙《はなわ》の五人の奉行に統括させて戦いに備えた。『大須賀記』も合わせてみると、信長は柵の外へ出て戦うことを禁じていたが、五〇〇〇に足りない遠州・三州の徳川勢は柵の外へ出て武田方を挑発したという。騎乗は禁止であったが、大久保忠世《おおくぼただよ》・忠佐《ただすけ》兄弟と内藤家長《ないとういえなが》の三名は許されたため、敵・味方から目立ったといわれている。

戦いは、最初は小競り合い程度から始まったとみられるが、やがて鳶ノ巣山砦が落とされて、長篠城の押えの兵も敗走したとの情報が入ると、退路を断たれた武田軍は正面の徳川・織田陣営につぎつぎと攻撃を仕掛けるようになった。『信長公記』では、一番が山県《やまがた》昌景《まさかげ》、二番が武田信廉《たけだのぶかど》、三番が西上野の小幡憲重《おばたのりしげ》、四番が武田信豊《のぶとよ》、五番が馬場信春《ばばのぶはる》といわれている。このうち小幡一党は赤備えで、「関東衆馬上の巧者にて」というように騎馬兵とともに押し出してきたが、待ち受けていた鉄炮に撃たれ、過半が打ち倒されて引いていったという。他の部隊も、ほぼ同様であった。なお、山県昌景隊も「赤備え」だったとよくいわれるが、『信長公記』など比較的たしかな史料では確認できない。

こうして、昼近くになると勝敗は次第に明らかになり、武田方の敗走が始まった。これをみて、『松平記』によれば、「信長衆と家康衆と一同にときの声をあげて、おめきさけんで突いてかゝりしかば、今朝の卯の刻より未の刻の半ばまでの合戦に、甲州衆ここをせんど、防ぎしかども叶わず、悉《ことごと》く敗軍す」といわれており、先の『大須賀記』で「首二千余り打ち取り申し候」といわれるような大敗となった。戦死者は、山県昌景・馬場信春をはじめ、名のある武将だけでも一〇〇名を超えていた（平山二〇一四a、表2）。

信長はこの勝利を、その日のうちに長岡藤孝《ながおかふじたか》に報じているが（信長文書五一一号）、二十六日付けで同じく藤孝宛に、「去る廿一日合戦の儀に付きて、申し越され候。相聞ゆる如くに候。即時に切り崩し、数万人討ち果たし候。四郎の首いまだこれを見ず候。大要は切り捨て、河へ漂い候武者若干の条、その内にこれ有るべき歟。何篇甲・信・駿・三の軍兵さのみ残るべからず候。近年の鬱憤を散らし候。（略）この上は小坂一所の事、数に足らず候」といい（同五一二号）、大勝を誇るとともに、残るは大坂本願寺だけだが、物の数ではないと豪語している。

長篠合戦の評価

ところで、この長篠合戦（長篠城の攻防戦と有海原の決戦とを合わせていう）は、数ある戦国の合戦の中でも有名なもので、大量に鉄炮を動員した信長の新戦術や武田氏の騎馬隊などの問題が喧伝《けんでん》されてきた。長篠合戦のそのような見方は、信長が一万人の銃手より三〇〇〇人を選抜し、勇を恃む勝頼の兵は騎戦を好む故に柵をもってこれを遮り、敵が逼ってきたときに一〇〇〇挺ずつ代わる代わる撃つようにしたとする参謀本部編『日本戦史長篠役』（一九〇三）に始まっている。このような見方が、徳富猪一郎氏（徳富一九一九）や渡辺世祐氏（渡辺一九五六、初出一九三八）らによって敷衍《ふえん》されることにより、次第に通説を形づくるようになっていった。

現在、長篠合戦の通説的見解を代表するようにみられているのが、『国史大辞典』の

「長篠の戦」（山本博文氏執筆）である。そこでは、合戦での戦術について、つぎのようにいわれている。

武田軍の得意とするのは騎馬戦法であったので、信長は連子川の西方に馬を塞ぐ柵を構え、その後ろに諸部隊を布陣させた。（略）鉄砲の組織的活用の画期がこの戦いであった。信長は鉄砲隊を三段に重ねて、第一列の兵は射撃のあと後ろにさがり、第二列、第三列が撃つ間に弾を込めるというように、連続的に火縄銃を使用する戦法をあみだした。この戦法の大成功により、武田氏に代表される騎馬中心の戦法から鉄砲主体の戦法へと戦の主流が移った。

このような通説的理解に対して、早くから問題点を指摘されていたのは藤本正行・鈴木眞哉の両氏であった。藤本氏の『信長の戦国軍事学』（一九九三）の「長篠合戦」では、決戦の場が「あるみ原」であること、甫庵『信長記』から始まる三〇〇〇挺の鉄炮一〇〇〇挺ずつの三段撃ちの〝新戦術〟などあり得ないこと、武田軍といえども全員が乗馬した部隊があったわけではなく、「武田騎馬軍団」という言葉は不適切であること、武田氏も鉄炮を軽視していたわけではなかったが、火薬の主原料硝石《しょうせき》や弾丸の原料に最適の鉛などの入手に不利だったこと、佐久間信盛は左翼ではなく、別働隊で酒井忠次が抜けて手薄になった徳川軍を補強するため最右翼に配されたことなど、基本的な問題点がほぼ指摘されており、その後さらに詳しく論を展開されている（藤本二〇一〇ａ）。

鈴木眞哉氏は『鉄砲隊と騎馬軍団』（二〇〇三）において、信長の「新戦法」といわれているものは、ひと言でいえば、信長は馬防柵の背後に並べた三〇〇〇挺の鉄炮を三段撃ちさせることによって、武田の騎馬隊を撃滅したというものであるとして、これを「戦術革命」とする論を真っ向から批判された。具体的には、「騎馬」戦術、「鉄砲」戦術と徒歩兵、「柵（野戦築城）」戦術の三点にわたって検討し、どの角度からチェックしてみても、長篠の戦いには「戦術革命」といえるほどのものはなかったとし、その後も発言を続けられている（鈴木二〇一〇・一一）。

またそれより早く、太向《たいこう》義明氏も『長篠の合戦』（太向一九九六）において、『信長公記』をはじめとする多数の編纂史料や文書・日記などを詳細に検討し、長篠城の十四日「総攻撃」、信長の岐阜出発時からの資材携帯、十四日の岡崎城での作戦会議、武田軍騎馬隊の疾走、などはいずれもなかったこととされている。騎馬問題については別途検討され、武田軍の騎兵の割合は一〇人に一人程度で、長篠の合戦に際して騎馬が集団で来襲したり、鉄炮の一斉射撃で撃退されたというような展開はなかったといわれた（太向一九九九）。なお、これ以外の問題点の整理については、他に譲ることとする（長屋二〇一六）。

こうして、通説的な理解は次第に否定されていったのであるが、最近になって平山優氏が長篠合戦に関する二冊の著書を刊行され（平山二〇一四a・b）、新しい局面に入ったともいわれている。しかし、これに対しては藤本氏がただちに反論され、内容もさることながら、先行研究への批判の作法ともいうべき問題で数々の指摘をされている（藤本二〇一五、一八五頁）。平山氏はこれらの批判に対して、どのように応えられるのであろうか。

平山氏の新たな説は、これまで史料的価値が乏しいとされてきた甫庵『信長記』を見直すところに一つの特色があるが、たとえば「三〇〇〇挺三段撃ち」否定説への批判についてみても、必ずしも説得力があるとは思えない。すなわち、「『三段』を三列に並べるというのは、明らかな誤解、誤読」であり、「段」とは部隊のことで、「鉄炮衆だけで編制された三個の部隊を、三ヵ所に配置したということを意味する」といわれるのであるが（平山二〇一四a、一七五頁）、信憑性が乏しい甫庵『信長記』の「三」にこだわって読み替えてみても、あまり意味がないだろう。

本書では、これらの問題についてこれ以上立ち入る用意はないが、史料的制約が大きいとはいえ、平山氏による新たな事例の発掘・提示にもみられるように（平山二〇一四b）、鉄炮の運用や騎馬の実態などについて、いっそうの究明が望まれる。

家康の高天神城奪還

信長の「天下人」への道

長篠合戦では織田・徳川連合軍が武田軍に圧勝したため、それ以後、両者の明暗を大きく分けることになった。まず信長についてみると、天正三年（一五七五）はいわゆる「天下人《てんかびと》」として歩み始める大きな画期になった年として注目される。長篠合戦後のこの年の事績を、主として『信長公記』によりながら、順を追ってみてみよう。

六月二十六日に上洛・入京した信長は、七月三日に禁中において誠仁《さねひと》親王が蹴鞠《けまり》を催された折りに、正親町《おおぎまち》天皇から官位叙任を勧められた。しかし、これを請けずに数名の家臣の昇進を願い、友閑《ゆうかん》は宮内卿《くないきょう》法印、夕庵《せきあん》は二位法印、明智十兵衛は惟任《これとう》日向守などになった。羽柴秀吉も、筑前守の名乗りを認められた可能性が高いといわれている（池上二〇一二)。

八月十二日には岐阜から出馬し、前年一向一揆《いっこういっき》に奪われた越前の平定に向かった。十四日は敦賀に泊り、翌十五日に風雨が激しい中を、三万余りの軍勢で諸口より乱入した。一向一揆勢を各地で殲滅《せんめつ》しながら、越前平定は順調に進み、九月二日には北庄《きたのしょう》に入って築城を命じた。ここに柴田勝家《しばたかついえ》を置き、不破光治《ふわみつはる》・佐々成政《さっさなりまさ》・前田利家《まえだとしいえ》を副えて越前の支配を任せ、九月日付けで「越前国掟」九ヵ条を定めた（信長文書五四九号）。その第九条末尾には、「とにもかくにも我々を崇敬候て、影後《かげうし》ろにてもあだにおもうべからず。我々あるかたへは、足をもささざるように心もち簡（肝）要に候」とあるように、信長への絶対的服従を求めている。

前年九月の伊勢長島一向一揆に続き、今回越前一向一揆が殲滅されたことは、大坂本願寺に大きな衝撃を与えた。このため、三好康長・松井友閑を通じて和睦の話が進み、十月二十一日には両名を遣わして、本願寺顕如《けんにょ》を赦免した。こうして、畿内においては信長に敵対する勢力がなくなり、つかの間ではあったが、信長による「天下静謐《せいひつ》」が実現した。

この間に、信長はこの年三度目の上洛をし、十月十三日に入京した。十一月四日には従《じゅ》三位権大納言《さんみごんのだいなごん》に叙任されたことで公卿に列し、さらに七日には源頼朝《みなもとのよりとも》以来の由緒がある右大将《うだいしょう》をも兼任した。足利義昭《あしかがよしあき》は従三位権大納言兼征夷大将軍《せいいたいしょうぐん》であったからこれとほぼ列び、翌年十一月に正三位内大臣、翌々年十一月には従二位右大臣と、またたく間に義昭のそれを凌駕していった。このような官位・官職を受けたことは、「天下静謐」を実現した信長が、「天下人」としての地位を確立してゆく意志の表れでもあった。

十一月七日には嫡男信忠も秋田《あきた》城介《じょうのすけ》に任じられているが、信忠は長篠合戦後、佐久間信盛とともに東美濃岩村城（恵那市）奪還に向かっていた。勝頼出馬の注進に接し、信長は急遽京都を発ち、十五日に岐阜へ帰った。信長出馬の報により、持ちこたえることは困難と判断した守将の秋山虎繁《あきやまとらしげ》らは、二十一日に赦免という条件で降伏した。ところが、二十六日に虎繁ら三名が赦免のお礼ということで岐阜に来たところ、長良《ながら》川の河原で磔《はりつけ》にされてしまった。十一月二十六日付けの家康宛信長書状によれば、「岩村城落居につき、書中披見珍重に候。秋山の事引き寄せ、今日磔に掛（架）け候。その外籠城の者ども残らず首を刎ね、近来の鬱憤を散らし候」といっており（愛県一一四〇号）、城兵もすべて殺害された。虎繁の妻となっていた信長の叔母もまた、磔にされたといわれている。

信長は、十一月二十八日に信忠に家督を譲り、岐阜城と尾張・美濃の両国を与え、自らは茶の湯道具だけを持って、佐久間信盛の私宅に御座を移したという。ただし、翌年正月中旬からは、丹羽長秀《にわながひで》に命じて安土《あづち》城の普請を始め、二月二十三日には早くも安土に御座を移した。「天下人」に相応しい居城を、安土に築くことにしたのである。

この家督を譲った同じ二十八日付けで、関東・南陸奥の大名・国衆らに朱印状を送っていることが注目される。現在知られているのは常陸の佐竹義重《さたけよししげ》、陸奥の田村清顕《たむらきよあき》、下野の小山秀綱《おやまひでつな》宛の三点であるが（信長文書六〇七〜六〇九号）、いずれもほぼ同内容で、初信である。長篠合戦での戦勝を知らせ、いずれ武田攻めを行うので、その際には味方をすることが、「天下のため自他のため」よいことだとして協力を求めている。伝達者は小笠原貞慶《おがさわらさだよし》であり、同日付けの貞慶宛信長書状により詳しい状況が書かれているが、いずれにしても、外交面でも「天下人」としての信長の新たな展開がみられるのである（金子二〇一七b）。

図33　安土城跡

家康とのかかわりで重要だったのは、家康が伯父にあたる水野信元《みずののぶもと》を、信長の命令で死に追いやらざるを得なかったことである。信元にかけられた嫌疑は、『松平記』によれば岩村城の秋山虎繁らが「食物」に困り、諸道具を売って食料に換えていたが、水野領の三河刈谷《かりや》（刈谷市）・尾張小川《おがわ》（愛知県東浦町）の者たちがその交換に応じていたことを、与力大名でありながら日頃から険悪な仲だったという佐久間信盛が信長に讒言したことにあるという。その真偽は定かでないが、信長の命を受けた家康により、信元は養嗣子の元茂《もとしげ》ともども、十二月二十七日に岡崎の大樹寺《だいじゅじ》で切腹させられたのであった。

宛　名	脇　付	本状の等級
徳川三河守	御報　△	等　輩
徳川三河守	進之候△６・７位	等　輩
三河守	進覧之候○５位	等　輩
三河守	進覧之候○５位	等　輩
	（不明）	等　輩カ
徳川三河守	（なし）×８位	下　様
三河守	（なし）×８位	下　様
三河守	（なし）×８位	下　様
三河守	（なし）×８位	下　様
三河守	（なし）×８位	下　様

信長と家康とは永禄四年（一五六一）以来同盟関係にあったが、家康はいわば目下の同盟者であり、さらに天正三年頃からは、信長が「天下人」への道を歩み始める中で、次第に家臣化していくようになっていった。そのことは、表4のいわゆる書札礼《しょさつれい》をみても明らかであり、天正元年から同五年の間に、等輩から下様の書札礼へと変わっていったことが指摘されている（平野二〇〇六）。天正三年は表4からみても、家康が織田大名化してゆく転換点だったといえよう。ただ、宛名が「三河守殿」と官途名で記

表４　信長の家康への書札礼一覧

番号	年　月　日	署　判	書　留	宛名位置
1	（永禄12）　2.4	信長（朱印）	恐々謹言△３位	月数並び　△
2	（元亀２）　5.16	信長　判	恐々謹言△２～４位	
3	（元亀３）10.22	信長（花押）	恐々謹言×４位	月数並び　△
4	（天正元）卯.6	信長（黒印）	恐々謹言×４位	月数並び　△
5	（天正元）卯.6（16）	信長（花押）	恐々謹言×４位	
6	（天正３）11.26	信長（朱印）	謹言　　×５位	
7	（天正５）正.22	信長（黒印）	謹言　　×５位	日数並び　×
8	（天正６）　6.25	信長　黒印	謹言　　×５位	日数並び
9	（天正７）10.24	信長（黒印）	謹言　　×５位	日数並び
10	（天正９）　2.19	信長（黒印）	恐々謹言×５位	月文字並び×

注　平野2006の表を簡略化．○は賞翫，△は等輩，×は下様．

されることが多いことは、織田一門の武将宛と共通しており、家康は織田政権内において、一門に準ずる立場を占めていたのではないかともいわれている（平野、同）。

家康の遠江諸城奪還

他方で家康は、長篠合戦で圧勝した直後から、信玄の遠江侵攻によってつぎつぎに攻略された遠州諸城の奪還を、本格的に進めることになった。まず五月末から二俣《ふたまた》城（浜松市天竜区）を囲み、ついで六月には光明《こうみょう》城（同）、七月には犬居《いぬい》城（同）を相次いで落とした。これに対して勝頼は、七月五日付けの山県《やまがた》昌満《まさみつ》宛書状によれば、「よって敵光明へ揺すり候の処、在番衆相退き候歟。是非なき次第に候。（略）然らば犬居の儀心許なく候の間」と（戦武二五〇二号）、光明城が落とされ、犬居城が危ういことから加勢衆の催促をするよう命じている。しかし、徳川方の攻勢は続き、『当代記』によれば、七月には諏訪原《すわばら》城（島田市）攻めも始まり、「八月廿四日諏訪原城落居」とあるように、八月末にはこれを攻略し、牧野《まきの》城と改名した。

家康は引き続き小山《こやま》城（静岡県吉田町）を囲んだが、「九月七日、武田四郎小山城後詰として、大井河辺りへ押し出す。その勢一万三千余り也」と、勝頼は長篠合戦での大打撃にもかかわらず、何とか態勢を建て直し、後詰にやって来たのである。そして、「敵小山城普請せしめ、高天神城へ兵粮を入れ、九月下旬に引き入れ、家康公も諏訪原普請有りて帰馬したまう」とあるように、勝頼自身の出馬があったため、小山城と高天神城（掛川市）とは落とせなかった。とりわけ、小山城では守将の岡部元信《おかべもとのぶ》をはじめ、諸士の奮戦がめざましく、その戦功を賞する勝頼の感状が多数残されている（戦武二五二一〜三〇号）。

この遠江への出馬に先だって、勝頼は八月十日付けで保科正俊《ほしなまさとし》宛に詳細な「覚」二八ヵ条を下した（戦武二五一四号）。この文書は、長らく元亀三年のものとされてきたが、『戦国遺文武田氏編』では天正三年に年次比定しており、同様の立場で平山優氏が詳しく言及されている（平山二〇一七）。その第一条目で、「今度首尾有りて遠州に向け出馬を企つ。一大事の行《てだて》に候の間、暫く張陣たるべく候。然らば則ち必ず家康訴訟に就き、信長、木曽・伊那へ後詰に及ぶべき歟」といっている。つまり、今回の遠州出馬は長陣になる可能性があり、そうなると家康が信長に訴えて、信長が後詰のため木曽や伊那方面に侵攻してくる恐れがあるとして、南信濃の防衛に遺漏がないよう、詳細な指示を与えたのである。

二俣城の攻防については、残念ながら一次史料は残されていないが、『松平記』や『三河物語』、あるいは二俣城に在番していた依田信蕃《よだのぶしげ》にかかわる「依田記」（『続群書類従』第二十一輯上）にみえる。ここではもっとも詳しい「依田記」によってみてみると、徳川方は五月末から二俣城を囲み、五ヵ所に向城《むかいじろ》を築いて攻め立てたという。城中では兵粮が尽きてきたがよく持ちこたえ、十一月以降三度にわたり甲斐の勝頼から指示がきて、開城することになった。十二月中旬に降伏・開城の話がまとまり、「家康公〻は大久保新十郎殿・榊原小平太殿、何れも無事にて証人に御越し候。又我等親の方〻は、弟の依田善五郎・同源八郎両人、証人に参り候」と、お互いに二人ずつ人質を出し、二十四日に人質の交換を行って出城したといっている。こうして、家康は三年ぶりに二俣城を奪還したのであった。

勝頼の対応

勝頼は長篠合戦の大敗により、早急に態勢の建て直しを行うことを余儀なくされた。たとえば駿河支配については、ただちに手を打っており、六月朔日付けの武田信友らに宛てた書状で、「玄蕃頭《げんばのかみ》殿江尻《えじり》へ相移り候条、毎事相談尤もに候」と（戦武二四九四号）、山県昌景が討死したため、穴山信君《あなやまのぶただ》が江尻城（静岡市清水区）に入ったことを伝えている。

討死した者が重臣層をはじめ多数にのぼったため、早急にその後継者を決めることも大変であった。しかるべき嫡子があればともかく、そうでなければ息女に婿をとったり、兄弟が継いだりした。真田氏の場合は、嫡男信綱《のぶつな》・次男昌輝《まさてる》が討死し、その遺児が幼かったため、武藤家の養子になっていた三男昌幸《まさゆき》が戻って継いだことはよく知られている。

緊急の対応がほぼ落ち着いてきた十二月十六日付けで、「軍役条目」一八ヵ条を定めた（戦武二五五五・五六）。第一条冒頭では、「来歳は無二に尾・濃・三・遠の間、干戈《かんか》を働かせ、当家興亡の一戦を遂ぐべきの条、累年の忠節この時に候間」と、信長・家康と対決する決意の程を示している。注目されるのは一二条目で、「当時鉄炮肝要に候間、向後は長《なが》柄《え》を略し、器量の足軽を撰び、鉄炮持参、しかしながら忠節たるべし」と、長柄を減らしてでも鉄炮を増やすように指示しており、長篠合戦での鉄炮の威力を実感した対応といえよう。その上で、弓・鉄炮、長柄・持鑓《もちやり》、乗馬・歩兵などの武装について定めている。

翌天正四年四月三日付けで木曾家家臣によって提出された起請文も、注意を要する（戦武二六二九号）。第一条では、「勝頼様・義昌《よしまさ》様に対し奉り、尽未来《じんみらい》まったく逆心・緩怠を企つべからざるの事」とあり、また第四条では、「勝頼様の御下知に違背し奉るべからざる事」と、とくに勝頼に忠誠を誓う内容になっている。さらに第七条では、「万一義昌甲府に対し逆心を企てられ候はば、然るべからざるの由涯分諫言《かんげん》を尽くすべく候。もし承引なきにおいては、甲府の御奏者《そうじゃ》方まで注進致すべき事」とまでいっている。つまり、勝頼は妹聟である木曾義昌を恃みにしながらも、その逆心を懸念・警戒していたことを示しているのである。

他方で、天正三年から翌四年にかけて、外交関係でめざましい成果をあげていることが注目される（丸島二〇一七a、平山二〇一七）。すなわち、十一月十四日付けの北条高広《きたじようたかひろ》・景広《かげひろ》宛の梶原政景《かじわらまさかげ》書状によれば（上越一二七二号）、政景は北条よりの十月晦日付けの書状で、「越・甲御和を遂げらるべく、内々落着」と告げられたようで、勝頼は十月に謙信との和睦に成功したとみられている。翌四年九月には甲芸《こうげい》同盟が成立し、毛利氏との連携ができたという。さらに、北条氏との同盟強化を図り、勝頼は氏政の妹桂林院殿《けいりんいんでん》を正室に迎えた。九月十六日付けの毛利輝元《もうりてるもと》宛条目では「越・相・甲三和《さんか》の事」といい（戦武二七二二号）、同二十八日付けの一色藤長《いつしきふじなが》宛勝頼書状でも「相・越・甲三和に就き」といっている（戦武二七二五号）。こうして、勝頼は北条氏や上杉氏に加え、毛利氏や本願寺、さらには備後鞆《とも》（福山市）の足利義昭とも連携し、新たな信長包囲網の形成に成功したのであるが、この「越・相・甲三和」が長く続くことはなかった。

高天神城の守将

ところで、天正二年（一五七四）の勝頼の高天神城攻略の当初、引き続き高天神城の守将とされた小笠原信興《のぶおき》は、やがてその任を解かれて駿河に移封された。その時期は、天正五年正月頃といわれるが（丸島二〇一七a）、信興は天正四年十一月二十四日付けで駿河の佐野弥右衛門宛に朱印状を出しており（静県8一〇二四号）、また、それより早い十一月十一日付けで武田家奉行衆から、信興家臣の屋敷の替地が駿河国青柳《あおやぎ》（富士宮市）の内で与えられている（同一〇二二号）。おそらく十月頃までには解任され、翌十一月には信興やその家臣たちの駿河移住になったのではないかと推測される。

丸島和洋氏は、勝頼は信興を駿河に「転封」させると、新たに今川旧臣岡部元信《おかべもとのぶ》を入城させたといわれている。「天正五年二月、岡部元信とその寄子《よりこ》・同心《どうしん》衆に、高天神城周辺で知行を宛行《あてが》っている」というのがその根拠である（丸島二〇一七a、二二三頁）。しかしながら、天正五年二月九日付けの元信宛勝頼定書によると（戦武二七六六号）、元信が宛行われた遠州青柳（静岡県吉田町）や勝間田《かつまた》内（牧之原市）の所々は高天神城周辺ではなく、いずれも小山城周辺であり、小山城守将としての元信宛とみる方がよく、元信の高天神入城の根拠にはなり得ない。

『甲陽軍鑑』では、天正七年八月に高天神城では「御人数千あまり」が番替えになり、元信が「大将分」、つまり守将になったといっている。『甲陽軍鑑』が記載する年月は必ずしも信用できないともいわれているが、勝頼は高天神落城後の天正九年に、岡部元信や信

図34　高天神城跡遠望

濃先方衆の栗田《くりた》鶴寿《かくじゅ》、駿河先方衆の孕石《はらみいし》元泰《もとやす》らが高天神城に三ヵ年籠城して討死を遂げたとし、その忠節を賞して子息らに旧領などを安堵している（戦武三五四四・五四・九二号）。彼らの在番・籠城は足かけ三年ということで、その入城は天正七年ということになるので、『甲陽軍鑑』の記載は正確であったということになる。ただ、小笠原信興の出城が天正四年十月頃で、岡部元信の入城が天正七年八月とすると、その間の高天神城守将が誰であったかが問題となるが、今のところ不明とするほかない。

なお、岡部元信が小山城の守将に起用されたこと、さらに高天神城の守将に転じたことは、岡部氏が東遠江沿岸部に大きな影響力を有しており、高天神城が海上と通じていたことから、海上交通や海賊衆編成にかかわってきた経緯によるものともいわれている（小川二〇一六、初出二〇一四）。

高天神城の攻防

家康による高天神城への攻撃は、天正五年閏七月頃から本格的に始まった（大塚二〇一三）。同月十一日付けの勝頼書状によれば、「家康高天神に向かい相揺するの由候の条、来る十九日に出馬すべく候。苦労ながら十八日に着府肝要に候」といっており（戦武二八四二号）、家康の高天神城攻撃により、宛先は不明ながら参陣を命じている。実際の出馬はやや遅れたようであるが、『家忠日記』によれば、十月二十日に勝頼が小山城から大井川《おおい》を越えて引き揚げて行ったため、家康も二十二日には馬伏塚城《まむしづか》（袋井市）より浜松城に帰陣したといっている。

この後の高天神城をめぐる武田・徳川両氏の攻防の経緯は、『家忠日記』によってほぼ正確にたどることができるが、両軍主力の激突には至らず、ほぼ同じパターンで収束している。すなわち、勝頼による後詰《ごづめ》は、基本的に江尻城↓田中城↓小山城↓高天神城という経路で行われた。これに対する家康の対応は、高天神城に向けて馬伏塚城を最前線とし、天正六年七月の横須賀城《よこすか》（掛川市）築城以降は、これを最前線として武田軍に備えた。さらに、懸川城から牧野城のラインで牽制するとともに、そこから小山城や田中城に攻撃をかけることもあった。両軍の関係諸城は、図36にみられるとおりである。

天正六年（一五七八）三月に上杉謙信が急死したことは、それまでの諸大名の連携や戦

図35　横須賀城跡

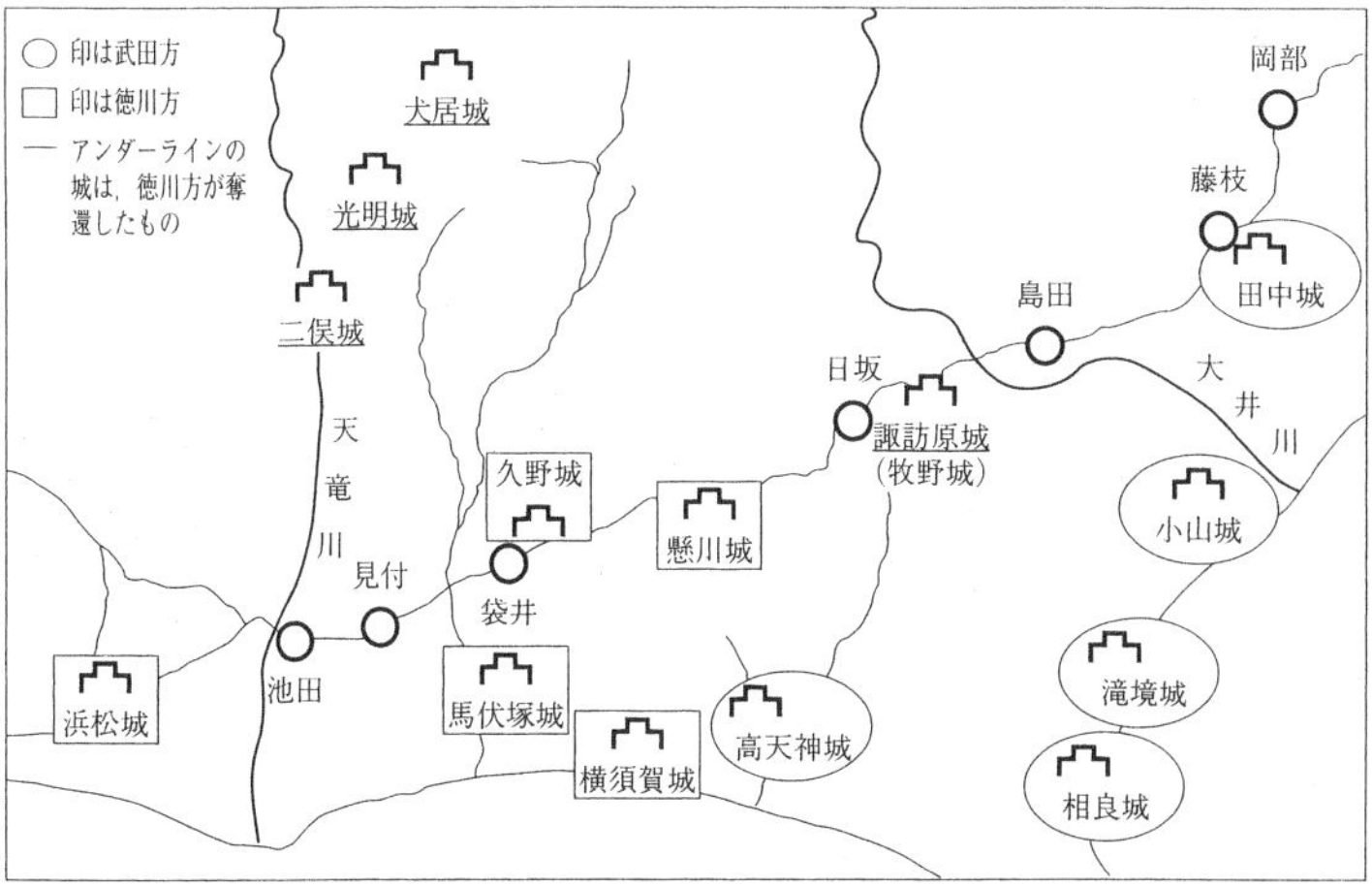

図36　武田・徳川攻防関係諸城

いの構図を大きく変えることになった。後継者が明確には定まっていなかったために、謙信の甥景勝《かげかつ》（長尾政景《ながおまさかげ》次男、母は謙信姉）と養子景虎《かげとら》（北条氏政《ほうじょううじまさ》実弟、室は景勝姉）との間で、家督相続をめぐって「御館《おたて》の乱」とよばれる内戦となった。勝頼は両者の調停を図ろうとしてこれに介入したが、六月になって景勝と同盟を結ぶことになった（上越一五二八号、戦武二九八五・三〇〇七号）。翌天正七年三月に景虎が自刃し、「御館の乱」は景勝の勝利で終わったため、北条氏との同盟は破綻してしまった。

勝頼はあらためて景勝との関係強化を図り、八月には誓詞の交換を行い（戦武三一五五号）、妹の菊姫《きくひめ》と景勝との婚姻もまとまって、九月には「越国居住衆」ということで、菊姫付き家臣の名簿が送られている（戦武三一七三号）。こうして、軍事同盟を内容とする甲《こう》越《えつ》同盟が成立した。対北条ということでは、さらに常陸の佐竹義重《さたけよししげ》とも交渉し、十月には誓詞の交換が行われ（戦武三一七六号）、甲佐《こうさ》同盟も成立した。そして、佐竹氏を介して「甲江《こうごう》和平」、つまり信長との和睦をめざしたが、信長は取り合おうとはしなかった。なお、信長との和平については、別途、快川紹喜《かいせんじょうき》も尽力していた（横山二〇一一）。

他方で、北条氏政は武田氏に対抗するため、この間に徳川氏との同盟を画策するようになり、九月には相遠《そうえん》同盟が復活して武田氏への挟撃態勢が整った（小笠原二〇一一a）。九月十四日付けの榊原康政《さかきばらやすまさ》宛書状で、氏政は「今度改めて貴国と申し合わす儀、誠に本望に候」といっている（戦北二一〇三号）。勝頼の高天神城後詰は、この天正七年には四月末と十一月との二度におよんだ。そしてこれが、勝頼自身による遠江への出馬の最後となった。駿河・伊豆の国境地域における北条氏との抗争が激しくなったため、もはや遠江への出馬が叶わなくなったからである。

天正八年に入ると、高天神城をめぐる攻防戦は、最終局面を迎えることになった。『家忠日記』によってみても、三月には大坂砦・相坂砦・中村砦、六月には獅子ヶ鼻砦などを築き、高天神城の包囲を狭めていった。高天神城が水運との結びつきが深い城郭であることは知られていたが（小川二〇〇〇）、土屋比都司氏は高天神城周辺の砦を網羅するとともに、「菊川入江」が大きく広がっていたことを明らかにされた（土屋二〇〇九）。

この頃になると、高天神城の攻略問題は、「天下人」信長の天下統一政策とのかかわりを強くもつようになっていた。『家忠日記』によると、十二月二十日に信長の御使衆《おつかいしゅう》として長谷川秀一《はせがわひでかず》・西尾義次《にしおよしつぐ》ら四名が陣所見舞いと称してやって来て、翌日には徳川方の陣場を検分した。検分を終えて二十二日に帰国する際には、家康と酒井忠次は浜松まで彼らを見送っている。明けて天正九年正月三日には、『信長公記』によれば、信長からの援軍として水野守隆《みずのもりたか》・水野忠重《ただしげ》・大野衆らが、横須賀城の番手として着陣した。

とりわけ注目されるのは、正月二十五日付けで水野忠重に宛てた信長朱印状である（信長文書九一三号)。それによると、高天神籠城衆より矢文《やぶみ》によって降伏の申し出があり、もし助命されるならば高天神城のみならず、滝境《たきさかい》城・小山城も譲渡するといってきたようである。ところが、信長はそれを許さず、一、二年の間に駿河・甲斐に攻め込むつもりだといい、①もし勝頼が後詰に出てくるようであれば手間がかからず、討ち果たして両国を手中にするし、②後詰をせずに高天神など三城を見捨てるようであれば、勝頼は信頼を失い、駿河の城なども抱え続けることはできなくなるだろう、といっている。

最終的な決断は家康に委ねられたが、家康は信長の意向に従って降伏を認めず、総攻撃の準備を進めた。そのような状況に置かれた籠城衆は、ついに三月二十二日に至り、岡部元信をはじめとしていっせいに討って出て、落城したのであった。高天神の在城衆は武田氏のほぼ全領国から集められていたため、勝頼が後詰をすることなく、城兵を「見殺しにした」という怨嗟の声は全領国に広まり、信長の②の目論見《もくろみ》は見事に的中したのである(丸島二〇一七a、平山二〇一七表3)。こうして、家康は七年ぶりに高天神城を奪還し、遠江全域をほぼ平定したのであった。

松平信康事件

事件の見直し

高天神城をめぐる勝頼との攻防の最中、天正七年（一五七九）に起こったのが、いわゆる松平信康《まつだいらのぶやす》事件であった。九月十五日に信康が二俣城（浜松市天竜区）で自刃させられ、それに先だって八月二十九日にはその生母築山殿《つきやまどの》も富塚《とみつか》（浜松市中区）で殺害されたという事件である。家康にとっては、嫡男信康と正室築山殿を処断せざるを得なかったということで、事情の如何を問わず、痛恨事であったといってよいだろう。

ところが、そのような重大事件であったにもかかわらず、その実態はいまだ十分には明らかにされていない。それは『家忠日記』以外には信頼できる関係史料がほとんどないに等しく、比較的信憑性が高いとされる『当代記』や『松平記』、あるいは『三河物語』、さらには後年の編纂史料によらざるを得ないという制約があるからである。このような史料のあり方は、家康が天下人となり、その後「神君神話」が広がっていく中で、徳川氏にとって禍根・汚点となるような出来事については、できるだけ隠蔽したいという配慮が働いたためであろう。

たとえば、これまで一応信憑性が高い史料とみなされ、いわば通説的扱いを受けてきた『三河物語』の場合でも、かなり問題のある記述となっている。すなわち、信康の正室徳《とく》姫《ひめ》（五徳ともいう）が、信康や築山殿の不行跡を一二ヵ条にわたり列挙し、これを酒井忠次にもたせて父信長に訴えた（『松平記』では徳姫からの来状に驚いた信長が、酒井忠次・大《おお》久《く》保《ぼ》忠世《ただよ》を呼び寄せたとする）。信長が忠次に糺したところ、一〇ヵ条まですべてそのとおりだといったため、あとの二ヵ条は聞かずに、老臣がすべて承知しているということならば疑いない。これではとてものにならないから、腹を切らせるよう家康に申せといわれた。忠次からそれを聞いた家康は、忠次がいっさい弁明しなかった以上、腹を切らせるしかない。今は大敵を抱えていて、信長の命令に背くことはできないとして、やむなく処罰に踏み切ったというのである。

ここでは、悪いのは信康を中傷した徳姫といっさい弁明しなかった忠次であり、家康は信長の命令でやむなく信康を処断したのだといっているのである。しかしながら、これは著者である大久保忠教《ただたか》の家康や信康を庇おうという気持ちが強すぎて、この後述べる事件の真相とは、かなりかけ離れた見方であるといわざるをえない。

これに対して、「松平・徳川中心史観」を排し、あらためて関係史料を精査し、その後の研究の出発点となる諸見解を示されたのが新行紀一氏である（新行一九八九）。そこで、本書ではこの新行説を基本にして事件の経緯をたどり、あわせて研究史と関係史料をあらためて見直すことで、少しでも事件の真相に近づくように努めたい（本多二〇一七b）。

なお、本論に入る前に、信康の姓は、徳川か松平かいずれであったかについて触れておこう。すでに述べたように（本書二二頁）、松平家康は永禄九年（一五六六）十二月に勅許による徳川改姓を行ない、「徳川家康」となった。それゆえ、元亀元年（一五七〇）に一二歳で元服した嫡男信康も当然徳川姓であるとみなされたようで、「徳川信康」とされることも多い。しかし、天正三年（一五七五）に年次比定される六月二十八日付け佐久間信盛宛信長黒印状によれば（愛県一一一四号）、信長は娘婿信康のことを「松平三郎」といっており、信康は父家康とは異なり、家康の改姓後も名字が松平姓のままであったことが明らかになった（柴二〇一五）。

事件の伏線

元亀元年に家康が本拠を浜松に移すと、当時一二歳であった嫡子竹千代は八月に元服し、「岡崎次郎三郎信康」と名乗り、岡崎城主となった。「信康」という諱《いみな》は、信長と家康とから、それぞれ一字をもらったものである。信康は永禄十年（一五六七）に信長の娘徳姫を正室に迎えており、信長は信康の岳父でもあったからである。

さて、松平信康事件と直接かかわるものではないが、いわばその伏線になったともみられる事件が天正三年（一五七五）四月に起こった。いわゆる大岡弥四郎事件であるが、新行紀一氏はこれを弥四郎事件とするのは矮小化で、信康家臣一揆とでもいうべき性格のものであったといわれている（新行一九八九）。元服し岡崎城主となった信康には、上級家臣の庶流と中下級家臣の付与による信康家臣団が成立しており、傅役《もりやく》が三人、町奉行も三人付けられていたという。

信康家臣一揆は、町奉行という重職三人のうち、大岡弥四郎と松平新右衛門の二人が中心となり、山田八蔵・小谷甚右衛門・倉地平右衛門らが有力メンバーであった。彼らは信康家臣中の同志を糾合し、武田勢を足助筋から岡崎城へ引き入れて信康を擁する新徳川家を築き、あわせて自己の地位の向上をはかったが、山田の変心によりこの企ては露顕して失敗した。この一揆に、武田方の謀略や築山殿の関与があったかどうかは確認できない。しかしながら、当時、武田氏の軍事的優位の下にあった家康領国の実態や、家康とは不和の正室築山殿と嫡子信康を主君と仰ぐ家臣団の存在という家庭内状況を勘案すれば、一揆成功の条件はかなり存在したのではないかと新行氏はいわれている。

最近では、このうちとくに武田氏との関係に注目した見解が出されている（柴二〇一五・一七a）。すなわち、この事件の政治的背景には、武田氏の攻勢と徳川領国の勢力範囲減退という現実があった。すでにみたように、信玄の遠江・三河侵攻により、徳川方だ

図37　岡　崎　城

った将士のかなりのものが武田方に降っていた。三方原の戦いでは徳川方が大敗し、信玄は病没したものの、それを継いだ勝頼によって、事件の前年には遠州の要衝高天神城を攻略されていた。

このため、徳川地域「国家」の存立が問われ出し、家康を中心とした権力中枢の対武田氏主戦派が進める外交路線への反発が、路線の見直しを求める岡崎城の信康周辺で生ずることになった。そして、大岡弥四郎たち家臣一派が、勝頼の三河侵攻に呼応して、その軍勢を足助方面から岡崎城に引き入れようと企てたが、一派の者の通報で発覚・失敗したのがこの事件であったというのである。

こうして、首謀者と目された大岡弥四郎は鋸《のこぎり》引きの極刑に処せられた。傅役兼家老の石川春重《はるしげ》は切腹、松平親宅《ちかいえ》（念誓《ねんせい》）は致仕《ちし》（引退）した。奥三河を席巻した武田軍は足助城（豊田市）や野田城（新城市）を攻略し、この後、五月に入って長篠城を囲むことになる。そのような緊迫した状況の下で、家康は事件を手早く処理し、徳川領国の動揺を最小限にくい止めようとしたのであった。

事件の原因　信康事件に至る直接のきっかけは、粗暴だといわれていた信康の資質と室徳姫との不和にあった。信康が粗暴であったことは諸史料にみられるが、たとえば『松平記』によれば、「武辺は勝れ」ていても、「余りに荒き人にて、かりにも慈悲という事を知らず」とまでいわれている。踊が好きだったようであるが、下手な踊があれば「弓にて射殺し給う」というような有様で、また、鷹野に出た折りに出家に出会い、この出家を縄で馬にくくりつけ、引きずり殺すというようなことさえあったといわれている。これらの所行を聞くことは、徳姫には耐えられなかったのであろう。

同じく『松平記』によれば、信康と徳姫が不和になったのは、天正五年（一五七七）頃からだったといわれている。「その比《ころ》、三郎殿・御前（信長御女）、御子を儲け給う。女子にて御座候間、三郎殿も築山殿もさのみ御悦びなし。その後また御子出来、これまた女子にて御座候間、三郎殿も築山殿も御腹立ちあり。これによって御前と三郎殿と御中不和になり給う。その時分、三郎殿ものあらき御振舞いひとかたならず」とある。二人の間には天正四年・五年と立て続けに子供ができたが、いずれも女子であったため、信康や築山殿を大いに落胆させ、これが不和の原因になったというのである。

二人の不和が深刻になる中で、『家忠日記』によれば、天正七年六月五日には、家康が「中なをし」のため、わざわざ浜松からやって来ている。前年正月に信長が三河吉良へ鷹狩りに来た際に、二十一日に岡崎に立ち寄っているが、これも不和問題にかかわりがあるかもしれない。信康の所行や徳姫の不満・懸念は、すでに父信長へ伝えられていた可能性がある。

この六月五日に家康が信康・徳姫の仲直しのため岡崎に出掛けたのは、結果的にみて最後の調停だったようにみられる。しかし調停は不調に終わり、家康は信康処断の決意を固めたようで、その後急速に信康事件は結末に向かうことになった。

事件の決着

七月から九月にかけて、家康は一気にこの問題の決着を図った。もっとも簡潔に、かつ比較的正確に事実を伝えていると思われるのは『当代記』であり、そこでまず『当代記』の記事を掲げよう。

八月五日、岡崎三郎信康主（家康公一男）牢人せしめ給う。これ信長の聟たりといえども、父家康公の命を常に違背し、信長公をも軽ろんじたてまつられ、被官以下に情なく非道を行わるる間かくのごとし。この旨を去月酒井左衛門尉をもって信長へ内証を得らるる所、左様に父・臣下に見限られぬる上は是非に及ばず。家康存分次第の由返答あり。家康岡崎へ御越し、三郎主を大浜へ退け、岡崎城へは本多作左衛門を移さる。三郎主当座の事と心得給う。家康公は西尾の城へ移られ、三郎主を遠州堀江へ移し、また二俣へ移し給う。九月十五日、彼地において生害し給う。三郎主母公も浜松において生害せらる。

「この旨を去月酒井左衛門尉をもって信長へ内証を得らるる所」とあるように、家康は七月に酒井忠次を使者として信長の許に遣わし、信康処断の方針を伝え、信長の了解を求めたのである。『信長公記』によれば、七月十六日だったことがわかる。ただ、そこでは「家康公より、坂（酒）井左衛門尉御使いとして、御馬進せられ候」とあるが、たんなる馬の献上が目的だったわけではなかったことはいうまでもない。このことはまた、つぎの一次史料である家康書状写によっても確認される（愛県一三三六号）。

今度左衛門尉をもって申し上げ候処、種々御懇ろの儀、その段御取り成し故候。忝き意と存じ候。よって三郎不覚悟に付きて、去る四日、岡崎を追い出し申し候。なおその趣、小栗大六・成瀬藤八申し入るべく候。恐々謹言。

八月八日　　家康公御判

堀久太郎殿

これに対して信長は、『三河物語』でいうような、家康に信康の切腹を命ずるというようなことはなく、『当代記』で「家康存分次第の由返答あり」、『松平記』で「如何様にも存分次第と御返事ありて」といわれているように、家康の思いどおりにするようにと返答した。当時家族の処断は家父長の権限であったから、徳川家の内部問題としてその処置を家康に任せたのである（新行一九八九）。

この信長からの返答を受けて、家康は『当代記』にみられるような措置を進めたが、これらの点は、基本的に『家忠日記』によって裏付けられる。すなわち、八月三日に家康は

図38　清瀧寺の信康廟

浜松から岡崎に向かい、翌四日に信康を糺した上で岡崎城から追い出し、大浜《おおはま》（碧南市）へと移したのである。そしてこのことも、右の八月八日付け書状で、さっそく信長へ報じたのである。

嫡男信康の追放という荒療治を行ったため、家康は家臣の動揺や反発に備えるために、手早く各種の対応措置をとった。五日に岡崎にやって来た松平家忠は、「家康より早々弓・てんはうの衆つれ候て、西尾へ越し候へ」と命じられ、西尾（西尾市）へと向かっている。岡崎城などには在番衆を置いて固め、信康は九日には大浜から遠州堀江城（浜松市西区）に移された。十日には家臣たちを岡崎城に集め、「各国衆信康へ内《うちの》音信申す間敷候」と、信康へ内々に手紙などを出したりしないよう起請文を書かせた。これだけの措置をとって、家康は十三日に浜松に帰り、岡崎城は本多作左衛門重次が留主居として守ることになった。

『家忠日記』の関係記事はそこまでで終わっているが、『当代記』や『松平記』などによれば、その後、信康は九月十五日に二俣城で自刃させられ、築山殿もそれより早く、八月二十九日に殺害されたのであった。この信康を供養するために建てられたのが清瀧《せいりゅう》寺（浜松市天竜区）であり、境内には信康廟もある。

事件の背景と本質

ところで、信康の資質や徳姫との不和が直接の原因だとしても、それだけでは、信康と築山殿が生害にまでおよんだことについての説明としては不十分である。研究史に即して近年の動向をみると、それ以上の事情があったとみるべきだとして、『安土日記』で「三州岡崎三郎殿、逆心の雑説申し候」といわれているように、「逆心」＝謀反を疑われるような事態があったことに注目された（谷口二〇一二）。

さらに事件の背景として、徳川氏内部での外交路線問題を重視する傾向が強くなっている。信康の資質問題だけであれば廃嫡にすればすむことであり、死を命じるほどの事態は家臣間の政策をめぐる争いが潜んでおり、その最大の課題は武田方か織田方かという対外交渉であろうというのである（平野二〇〇六）。

柴裕之氏はこの観点を前提に、大岡弥四郎事件にまでさかのぼって、外交路線の対立があったことを主張された。すなわち、勝頼の攻勢により徳川地域「国家」の存立が問われる中で、家康を中心とした浜松城の対武田氏主戦派と路線の見直しを求める岡崎城の信康周辺との対立である。信康事件の背後には、この対武田氏外交をめぐる路線対立の再燃があったといわれるのである（柴二〇一五）。

たしかに、弥四郎事件の時点では、先に述べたように、岡崎城の信康周辺にそれなりの家臣が結集していたようにみられる。弥四郎事件とするのは矮小化で、信康家臣一揆とでもいうべきものだといわれているように（新行一九八九）、家康の浜松派家臣団と対抗できるだけの信康の岡崎派家臣団が形成されており、路線対立があったといってもよいほどの家臣の結集がみられたということになる。しかしながら、信康事件が起こった時点で、はたして浜松城の対武田氏主戦派と対抗できるような岡崎城の信康派家臣団などが存在したのであろうか。弥四郎事件は関係者の処分で一応は決着したとみられ、家康はこれを苦い教訓として、二度とそのような事態が起こらないよう、岡崎城の信康周辺には細心の注意を払ったことであろう。

『家忠日記』によれば、信康事件前年の九月五日に、「家康より鵜殿善六御使、岡崎在郷無用の由、仰せ越され候」といわれ、二十二日には吉田の酒井忠次からも同様の通達が来ている。「岡崎在郷無用」とは、すでに諸氏が述べられているように、岡崎に詰めることで国衆たちが信康と親密になることを回避しようとした処置である。折りに触れてそのような措置が講じられていたとすれば、家康を中心とする浜松派家臣団と外交路線で対抗できるほどの信康を中心とする岡崎派家臣団の形成などはあり得なかったであろう。信康事件の際に、名のある家臣で処罰された者がみられないことも、そのような勢力がなかったことを示唆する。それゆえ、信康事件に弥四郎事件との直接のかかわりをみたり、岡崎城の信康周辺に、当時の徳川氏の外交路線に不満をもつような家臣が相当数結集していたとみるようなことは、妥当ではないと筆者は考えている。

ところで、大岡弥四郎事件では武田方に通謀する企てがあったといわれているが、これには築山殿の関与もあったとみられている。『松平記』では、「さてまた御母築山殿も、後にはめつけいと申唐人の医者を近付けて、不形（行）儀の由沙汰あり。あまつさえ家康へ恨ありて、甲州敵の方よりひそかに使を越し、御内通あり。縁に付くべきとて、築山殿を後には迎え取り申すべきのよし風聞す。まことに不行儀大かたならず、あまつさえ御子三郎殿をもそそのかし、逆心をすゝめ給わんと聞えし。家康よりも色々異見ありしを用い給わず」と記されている。

唐人医との不行儀などという話はもとより信ずるに足りないが、今川義元とゆかりがあり、本来織田方との連携を快しとせず、しかも家康と不仲であった築山殿は、武田方からみれば付け入る隙があったのであろう。弥四郎事件は一応決着がついたとしても、築山殿の周辺には、引き続き武田方と通ずる動きが残されていた可能性がある。

この問題に関連して、『家忠日記』天正六年二月四日の条では「信康御母さまより音信なされ候」とあり、さらに十日には「深溝《ふこうず》へ信康参り候」とある。築山殿が家忠に手紙を送るというようなことは、当時の社会通念では異例のことであった。十日に信康がわざわざ深溝の家忠の許を訪れているのも、関連した動きともみられ、築山殿と信康サイドで、いわば家臣に対する多数派工作が行われていたとも受け取れるだろう。

この当時、事件や合戦で決着がついた場合、男子についてはその子供まで処罰されることはよくあったが、女性の場合は生害にまで至ることは稀であった。築山殿の場合は、『松平記』で、「御母築山殿も日比の御悪逆ありしとて、同じく生害におよぶ」といわれているように、弥四郎事件の際には罪を免れたものの、再度の謀反の疑いで、いわば事件の元凶とみなされて殺害されるに至ったとも考えられる。信康もどこまで主体的であったかどうかはともかく、築山殿と連動する動きがあったのであろう。こうして、信康の資質や徳姫との不和という問題に加えて、謀反の疑いが出るにおよんで、二人の成敗は避けがたいものとなったといえよう。

天正十年の画期

武田氏の滅亡

次第に追い詰められてきた勝頼は、天正九年（一五八一）に入ると新たに新府城《しんぷ》（韮崎市）の築城を始めた。これまでは、正月二十二日付けの真田昌幸《さなだまさゆき》書状によって（戦武三四八五号）、築城の開始はこの年一月からといわれてきた（笹本二〇一六、平山二〇一七）。ところが、この書状は築城開始後の普請《ふしん》指示を通達したもので、翌十年に比定されるとする説が出ている（鴨川二〇〇七a・b、丸島二〇一七a）。勝頼が十二月末に築城中の「新館」に移ったことはその書状から明らかであり（戦武三六四〇・四二号）、昌幸の書状で「よって新御館に御居を移され候条」といっているのは、それを受けてのこととみられる。それゆえ、昌幸の書状は新府城の完成を急ぐため、翌十年一月に、「来月十五日に御領中の人足も着府候様に、仰せ付けらるべく候」と命じたも

図39　新府城本丸跡

のといえよう。ただ、穴山梅雪《あなやまばいせつ》（信君は天正九年二月に出家して梅雪斎不白《ふはく》と名乗る）をはじめとする武田一族や重臣層は甲府から新府への移転には反対で、勝頼との間で軋轢を生じたという（平山二〇一七）。

天正十年は家康にとって、まさに激動の年となった。まず、三月には織田軍が伊那《いな》方面から、徳川軍が駿河から甲斐に侵攻し長年の宿敵武田氏を滅ぼしたのである。侵攻のきっかけになったのは、勝頼が懸念していた信濃国衆で勝頼の妹聟でもある木曾《きそ》義昌《よしまさ》の織田方への内通であった。『信長公記』によれば、勝頼はただちに一万五〇〇〇ともいわれる軍勢で鎮圧に乗り出し、二月二日には諏訪上原《うえはら》（茅野市）に陣を据えたという。

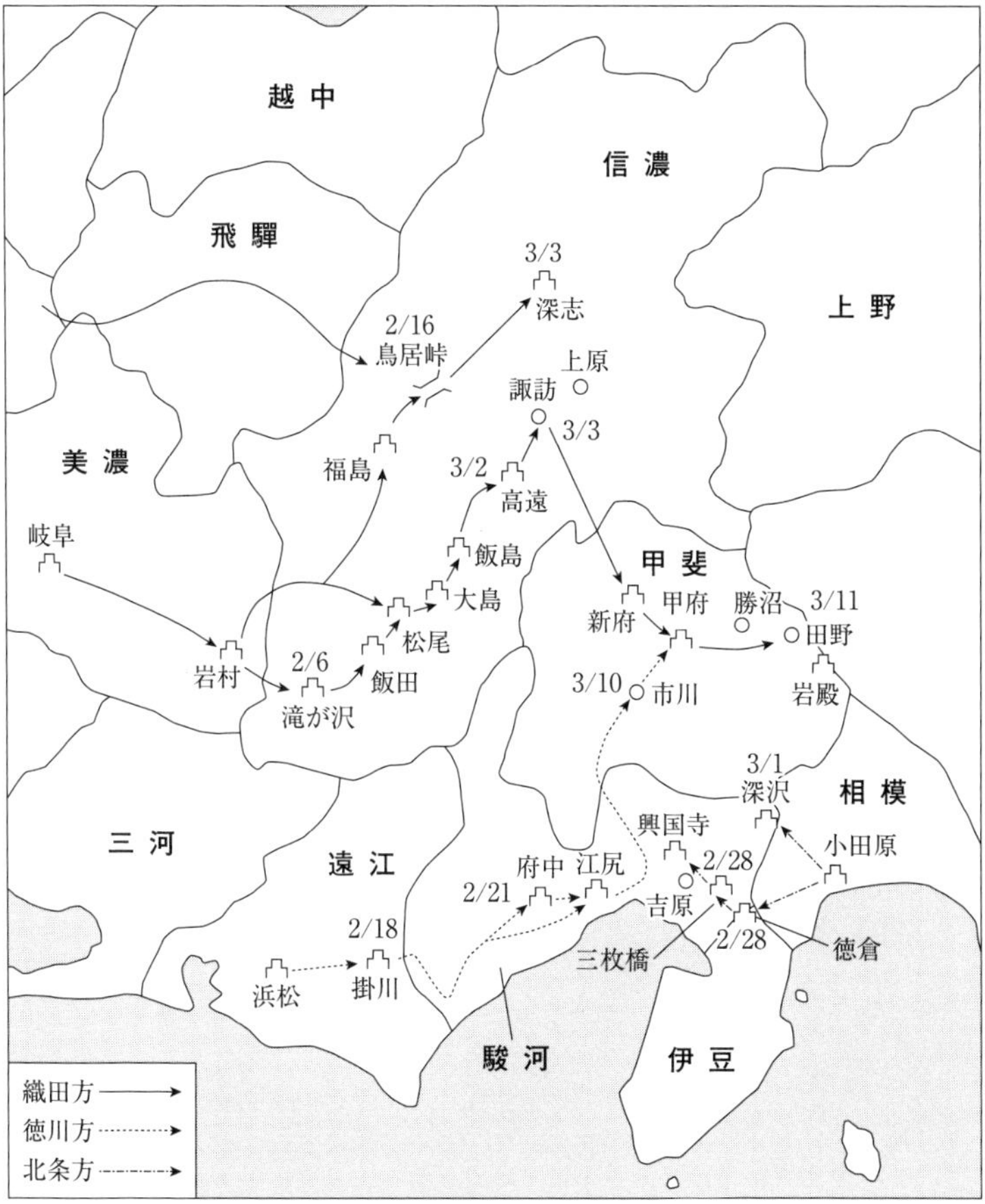

図40　織田軍侵攻図（池2012を補訂）

図41　穴山梅雪（静岡市霊泉寺蔵）

これに対して、信長はこの機を逃さず、二月三日には諸口よりの侵攻を命じ、駿河口は家康、関東口は北条氏政、飛騨口は金《かな》森長近《もりながちか》、そして信濃伊那口は信長・信忠父子が二手に分かれて乱入すると定めた。このうち、伊那口の先鋒となった信忠軍の進撃はめざましく、抵抗らしい抵抗をしたのは勝頼の異母弟仁科《にしな》信盛《のぶもり》が守将であった高《たか》遠《とお》城（伊那市）のみで、これも三月二日にわずか一日の攻防で攻略されてしまった。織田軍の侵攻状況などは、図40にみられるごとくである。

折しも、二月十四日には浅間《あさま》山の大噴火が起こり、武田氏滅亡の予兆と受けとめられるような有様であった（平山二〇一七）。

他方、家康は『家忠日記』によれば、二月十八日に浜松城から出馬し、その日は懸川城に着陣、二十一日には駿府に入った。そして、早くから内通していた江尻城の穴山梅雪を誘降し、三月四日には対面した。武田氏の一族である梅雪（生母は信玄の姉）が降ったことで、その後は甲斐に向けて順調に進軍することができた。十日に市川《いちかわ》（山梨市）に至ったが、翌十一日には織田方の滝川一益《たきがわかずます》・河尻秀隆《かわじりひでたか》らに攻め込まれた勝頼が、田野《たの》（甲州市）で正室桂林院殿・嫡男信勝《のぶかつ》らとともに自害して果てた。勝頼は梅雪謀叛《むほん》の報に接し、急ぎ新府城に戻ったのであるが、三月三日には館に火をかけ、岩殿《いわどの》城（大月市）の重臣小《お》山田信茂《やまだのぶしげ》を頼って再起を図ろうとした。しかし、その信茂にも裏切られた結果であった。

『信長公記』によれば、信長は十四日に浪合《なみあい》（長野県阿智村）に着陣し、ここで勝頼・信勝父子の首実検を行い、その首級を京都に送って獄門に架けた。十九日に上諏訪（諏訪市）に着いたところで、家康もこれを迎えている。そして、信長は武田氏を滅ぼした論功行賞として、二十九日にその旧領について、つぎのように知行割《ちぎょうわり》を行った。

甲斐国　河尻与兵衛（秀隆）に下さる。ただし、穴山本知分これを除く。

駿河国　家康卿へ。

上野国　滝川左近（一益）に下さる。

信濃国　タカイ（高井）・ミノチ（水内）・サラシナ（更級）・ハジナ（埴科）四郡、森勝蔵（長可《ながよし》）に下さる。

こうして、家康は信長から駿河一国を与えられ、三河・遠江・駿河の三国を領有することになった。信長はすでに『家忠日記』天正八年九月二十三日条で「上様」とよばれていたが、信長から知行地《ちぎょうち》を宛行《あてが》われたことで、主従関係にあったことがより明確になった。

いっさいの処置を終えた後、信長は大宮《おおみや》（富士宮市）から東海道へ出て、家康の領国を通って安土へ帰ることにした。そのため、家康は道中の安全を図るとともに、各地に御茶屋や御厩《おうまや》を建て、食事などにも贅《ぜい》を尽くして饗応に努めた。『信長公記』によると、「家康卿万方の御心賦《おんこころくば》り、一方ならぬ御苦労、尽期《じんご》なき次第なり。併《しかしながら》何の道にても諸人感じ奉る事、御名誉申し足らず。信長公の御感悦、申すに及ばず」と、信長は家康の抜かりない心づくしに、感じ入ったといっている。信長が安土に凱旋したのは、四月二十一日のことであった。

本能寺の変

ついで、六月二日にはいわゆる本能寺《ほんのうじ》の変が起こり、天下統一を目前にした信長が、明智光秀《あけちみつひで》の謀叛により非業の最期を遂げることになった。

この本能寺の変が起こった原因として、従来は「怨恨」説か「野望」説が中心で、いずれにしても光秀の「単独犯行」説であった。ところが、一九九〇年代頃から、まことにさまざまな「黒幕」説が登場するようになった。しかしながら、今では、それらの「黒幕」説は、いずれも成り立たないことが明らかにされている（鈴木・藤本二〇〇六、谷口二〇〇七、藤本二〇一〇b、木下二〇一六a・b、呉座二〇一八）。

本能寺の変とは、主として信長の四国政策の転換により窮地に陥った光秀が、信長が少数の供回りで本能寺に入り、他方で、光秀が疑われることなく軍勢を動員することができたという、まさに希有な状況下で決行したクーデターであった（同、池上二〇一二）。そこには、どのような「黒幕」も介在する余地はなかった。

現在、学問的な検討に耐えうる「黒幕」説としては、唯一「足利義昭黒幕」説が残っている（藤田二〇一〇）。しかしながら、その史料的根拠や史料解釈には、弱点があるように思われる。義昭との関係でいえば、光秀が本能寺の変後に義昭の入洛《じゅらく》を迎え入れ、幕府を再興して政権の正統性を示そうとする可能性はあったといえるが、変以前から連携があったとみることはできないであろう。本書では、この問題に関してはこれ以上立ち入らず、以下、家康にかかわる問題について述べることとする。

図42　明智光秀（岸和田市本徳寺蔵）

家康が穴山梅雪を同道して、所領の宛行・安堵のお礼のため安土城に到着したのは五月十五日のことであった。その後の経過は、『信長公記』に詳しい。信長は明智光秀に接待役を命じ、家康一行をまことに手厚く遇した。光秀は十七日に接待役を解かれて、備中攻めの準備のため坂本城へと向かったが、その後も十九日には能の興行があり、二十日の大接待では信長自身が膳を据えるほどの歓待振りであった。家康は二十一日からは信長の勧めで京都・堺へ遊行に出掛け、信長側近の長谷川秀一《はせがわひでかず》が案内役を務めた。堺に入ったのは二十九日で、翌六月一日には茶会が開かれ、津田宗及《つだそうきゅう》や堺代官松井友閑《まついゆうかん》らの接待を受けた。

明けて二日の朝、家康一行は京都へ戻るべく堺から出立した。ところが、その後間もなくして本能寺の変の勃発を知り、いわゆる「神君伊賀《いが》越え」とよばれる決死行を余儀なくされることとなった（藤田二〇一七、初出二〇〇五、平野二〇一六b、『大日本史料』十一編之一、一〇二頁）。

平野明夫氏は、「家康は、本能寺の変に関する第一報を、六月二日朝、堺の宿泊先で聞いたのだろう」とし、この第一報は、茶屋清延《ちゃやきよのぶ》の使者によってもたらされたのではないかとされる。「一方、確信的な情報を得た茶屋清延は、自ら第二報をもたらすべく堺へ向っていた」といわれた（平野同、九七頁）。しかしながら、京都から堺までは六〇キロメートルほどもあり、六月二日未明に起こった本能寺の変の第一報が、その日の朝に堺に届くようなことはあり得ない。茶屋清延による家康への通報は、清延自身による一度だけとみな

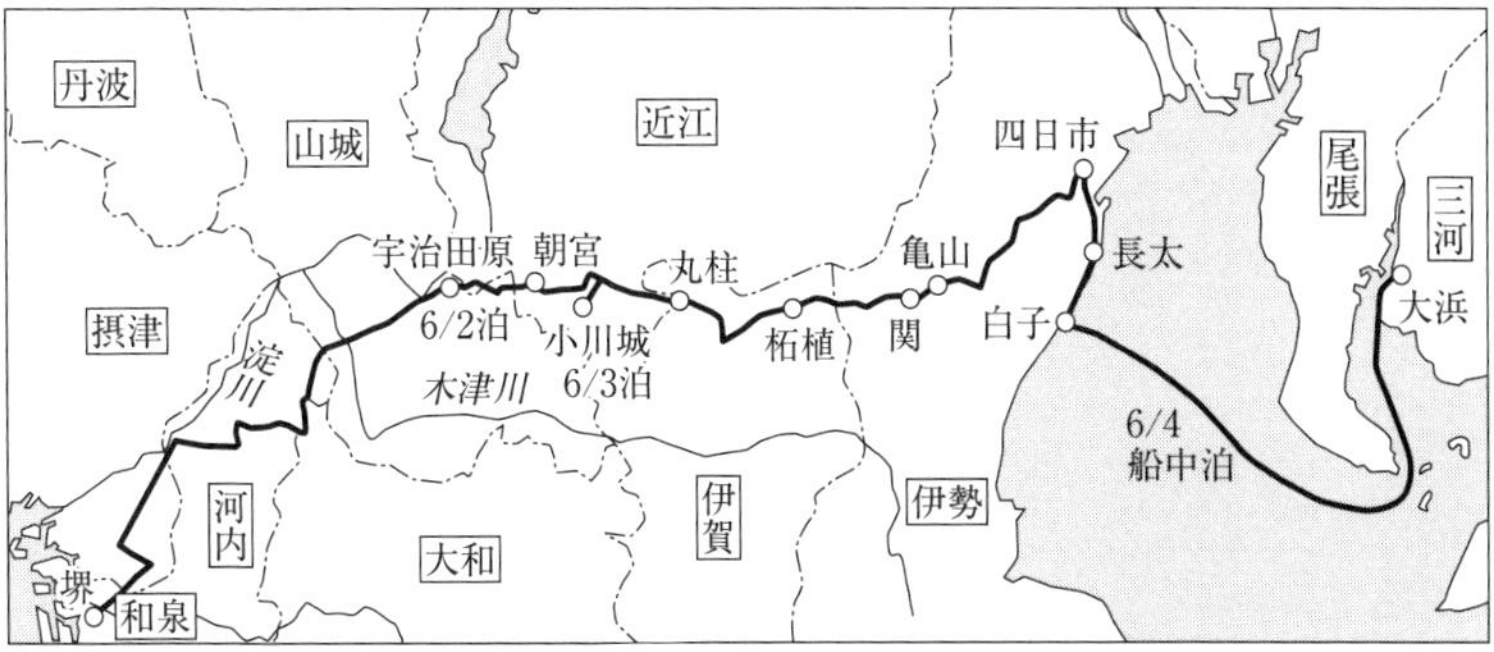

図43　家康伊賀越えルート図（平野2016bを補訂）

ければならない。

この伊賀越えの件ではもっとも信頼すべき「石川忠総《ただふさ》留書乾」によれば（愛県一五三八号）、二日の朝に家康一行は上洛をはじめたのであるが、先発していた本多忠勝《ほんだただかつ》が京都より急を知らせるため荷鞍馬《にくらうま》に乗ってやって来た茶屋清延と枚方《ひらかた》（枚方市）辺りで出会い、一緒に家康が来ているところまで戻り、飯盛《いいもり》山（大東市・四條畷市）の辺りで家康に報告したという。家康は当初、このまま上洛して知恩院《ちおんいん》で追腹をしようとしたが、やがて重臣たちの意見を入れ、三河に帰って弔合戦《とむらいがっせん》を行うことに決した。これにより、家康一行は長谷川秀一・茶屋清延らとともに、図43にみられるような伊賀越えを敢行することとなり、その日は宇治田原《うじたわら》（京都府宇治田原）の山口《やまぐち》光広《みつひろ》の館に泊った。堺からは一三里（約五二キロメートル）の行程だったという。同行していた穴山梅雪は、『三河物語』によれば家康を疑い別行動を取ったため、落ち武者狩りにあって宇治田原で討たれてしまった。

伊賀越えのルートも「石川忠総留書坤」に詳しく（愛県一五三九号）、三日は山口館から南近江へ出て、朝宮《あさみや》（甲賀市）を経て小川村《おがわ》（同）に至り、多羅尾光俊《たらおみつとし》の小川城で一泊した。この日の行程は六里（約二四キロメートル）とやや短かった。四日は四日市《よっかいち》まででも行程一七里（六八キロメートル）と強行軍であった。伊賀国の丸柱《まるばしら》（伊賀市）・柘植《つげ》（同）を経て伊勢国の加太《かぶと》（亀山市）に出て、関《せき》（同）からは東海道で亀山《かめやま》（同）・四日市（四日市市）に至った。そして、那古《なご》＝長太《なご》（鈴鹿市）から船に乗ったというが、「石川忠総留書乾」では「白子《しろこ》か四日市か」といわれている。おそらく、四日市でも長太でも乗船できずに、白子（同）からの乗船になったのであろう。平野氏は「長太からは、三河へ直行したのだろう」といわれているが（同一〇三頁）、掲載された図では白子からとなっており、図の方が正しいだろう。乗船は夜になったと思われるので、大浜《おおはま》（碧南市）で着船し、岡崎城に帰ったのは五日になった。

『家忠日記』によれば、三日の酉《とり》の刻（午後六時頃）には、本能寺の変で「上様」（信長）が討たれたことが伝わっていた。四日の条では、家康が堺に居ることや、伊勢路を経て大浜へ上陸することを知って大浜へ迎えに出向いており、また梅雪が討たれたことも把握していて、いち早く正確な情報が伝わっていることに驚かされる。五日に岡崎城に出仕したところ、出陣の用意をするよう仰せられ、深溝《ふこうず》（愛知県幸田町）へ帰っている。弔合戦のための出陣は、当初の予定が雨天などで延期されたため、十四日になった。ところが、十九日に羽柴秀吉より「上方一篇に候間、早々帰陣候への由申し来たり候」と、山崎《やまざき》の合戦で光秀を討ち果たしたので帰陣されたいとの要請が来たため、津島《つしま》（津島市）より陣を返すことになった。家康をはじめ、遠州衆・東三河衆らが岡崎に帰陣したのは、二十一日のことであった。

天正壬午の乱

さらに、本能寺の変のために信長による知行割が崩壊して、甲斐・信濃・上野の領有をめぐって、徳川・北条両氏間でいわゆる「天正壬午《てんしょうじんご》の乱」が起こった（平山二〇一一）。

家康は堺から帰国すると、弔合戦の出馬に先立ち、旧武田領で問題が生じることを予測して、素早く手を打った。甲斐へは、六月六日付けで武田旧臣岡部正綱《おかべまさつな》に命じて、穴山氏の本拠河内領の下山《しもやま》（山梨県身延町）を押さえるように命じた（家康文書二八五頁）。この後、甲斐の武田旧臣への当初の働きかけは、正綱と同じく武田旧臣の曾根昌世《そねまさただ》が担当し、ついで重臣大須賀康高《おおすがやすたか》が加わって進められた（酒入一九九九）。

本能寺の変後、甲斐では各地で一揆が起こったため、家康は甲斐を拝領して間もない河《かわ》尻秀隆《じりひでたか》のもとへ、家臣の本多忠政《ほんだただまさ》を派遣した。ところが、秀隆は徳川方の領土的野心を疑い、十四日に忠政を殺害してしまった。これに怒った本多家の家臣たちは、一揆と結んで蜂起し、十八日に秀隆を討ち取ったため（『大日本史料』十一編之一、六四一頁）、甲斐国は無主の地となってしまった。

上野《こうずけ》国の滝川一益《たきがわかずます》も、小田原の北条氏が本能寺の変を知ると上野の回復をめざして動き始めたため、危機的な状況に陥ることになった（同六五九頁）。十八日には北条氏邦《ほうじょううじくに》軍を退けたものの、翌十九日に当主氏直《うじなお》が二万ともいわれる大軍を率いてやって来ると、神流《かんな》川での合戦で大敗してしまった。一益はやっとの思いで箕輪《みのわ》城（高崎市）へ逃げ込み、二十日には信濃へと向かい、二十一日に小諸《こもろ》城（小諸市）に入った。ここで佐久《さく》郡を押さえるために家康が帰国させた佐久の国衆依田信蕃《よだのぶしげ》の助力を得、諏訪から木曽を経て、やっと七月一日にかつての本領伊勢長島（桑名市）に帰還したという。

信州の川中島《かわなかじま》四郡を領有していた森長可《もりながよし》も、越後上杉景勝《うえすぎかげかつ》の春日山《かすがやま》城（上越市）へと迫っていたのであるが、本能寺の変の報を受けて本拠の海津《かいづ》（長野市）に帰城した。そして上洛して光秀を誅すべく、深志《ふかし》（松本市）から木曽を経て美濃金山《かねやま》（可児市）に帰還した（『武徳編年集成』巻之二二）。こうして、武田氏滅亡後の信長による知行割は、跡形もなく崩壊したのであった。

家康の命を請けていた依田信蕃は、さっそく佐久郡や小県《ちいさがた》郡の諸氏の懐柔を行い、これに従った平尾平三や守山豊後守・兵部丞らには、七月十一日付けで家康の所領宛行状が下されている（家康文書三二五・一六頁）。同月十四日には、家康は酒井忠次宛に五ヵ条の定書を下し、「信州十二郡」の統治を行わせようとした（同三二九頁）。しかしながら、忠次の手法は適切でなく、かえって小笠原貞慶《おがさわらさだよし》や諏訪頼忠《すわよりただ》らの離反を招くことになった（平山二〇一二）。その背後には、北条軍の信濃侵攻があった。

図44　北条氏直（箱根町早雲寺蔵）

北条氏直が率いる大軍は、滝川一益を上野から追いやった後、まずは上野の制圧を行った。ついで、七月十二日には先陣が碓氷《うすい》峠を越えて信濃へ入り、氏直率いる本隊もこれに続いた。真田昌幸《さなだまさゆき》や諏訪頼忠らをはじめ、信濃の国衆らはつぎつぎと北条氏に降り、依田信蕃の努力もむなしく、佐久郡の諸士たちの多くも北条氏に出仕した。

北条方は当初、上杉方が進出してきた北信濃の制圧をめざした。森長可が撤退すると、上杉氏はただちに飯山《いいやま》城（飯山市）や長沼《ながぬま》城（長野市）を押さえ、さらに六月二十日付けの景勝書状によれば、海津城代春日信達《かすがのぶたつ》が服属を申し出たことによって（上越二四二一号）、川中島四郡へと進出してきたからである。この信達が、北条方に内通するということで、氏直は上杉方と一挙に勝負を決しようとした。ところが、この謀議が露顕して信達が処刑されたため、氏直は北信濃の制圧を諦め、甲斐の領有をめざして南下することになった。八月七日には若神子《わかみこ》（北杜市）に着陣し、以後はここを本陣とした（戦北二三九五号）。

他方、家康はすでに述べたように、家臣を派遣して甲斐・信濃の経略を進めていたが、『家忠日記』によれば、家康自身は七月三日に浜松から出馬し、五日に駿府、九日に甲府に着陣した。この以前の六月二十七日に、いわゆる清須《きよす》会議が行われ、信長・信忠亡き後の織田政権を継承する体制について協議された。その結果、信忠の遺児三法師《さんぼうし》（のち織田秀信《ひでのぶ》）が家督を継ぎ、これを羽柴秀吉・柴田勝家・丹羽長秀・池田恒興の四宿老が支える新たな「織田政権」が成立した。家康は以後、この「織田政権」の承認を得て、甲斐・信濃の経略を進めていくことになった。

北条軍の若神子着陣により、徳川方でも迎撃態勢の準備を急いだ。諏訪方面に展開していた酒井忠次・大久保忠世らの先手衆たちも、北条軍の攻撃を巧みにかわしながら、甲斐に撤収して家康本隊との合流を果たした（『大日本史料』十一編之二、一六八頁）。甲府にいた家康は、甲府の守備は鳥居元忠らに任せ、自らは八月十日に新府（韮崎市）に陣を移した（同二五八頁）。以後はここを拠点に北条方と対峙することになり、多勢に無勢ではあったがよく支えた。

戦いの局面を変えたのは、十二日のいわゆる黒駒《くろこま》（笛吹市）の合戦であった（同二六六頁）。北条氏政《うじまさ》は氏直を支援すべく、弟氏忠に一万余りともいわれる軍勢で、都留《つる》郡から御坂《みさか》峠を越えて東《ひがし》八代《やつしろ》郡に進撃させた。これを甲府留守居の鳥居元忠の部隊が黒駒で撃破したのみならず、討ち取った三〇〇余りともいう首級を、その日のうちに若神子の陣に向けて曝《さら》したため、北条方は大いに戦意をそがれたという。

また、八月半ばには、北条氏に通じていた木曾義昌《きそよしまさ》が帰順の意向を示してきたことを受けて、家康は八月晦日付けで義昌が信長より与えられていた安曇《あずみ》・筑摩《ちくま》両郡と木曽の本領とを安堵し、九月十日付けで誓詞を送るとともに、伊那郡箕輪《みのわ》の諸職を宛行っている（同四三六・五二九頁）。さらに、九月末には依田信蕃や真田昌幸の実弟加津野昌春《かづのまさはる》、大久保《おおくぼ》忠《ただ》泰《やす》らの調略により、北条方に降っていた昌幸が帰順し、家康は誓詞を与えてこれに応えている（同六〇九頁）。

こうして、当初は劣勢であった徳川方が次第に盛り返し、しかも北条方の砦を奇襲攻撃で相次いで攻略し、補給路を断つような事態に至ったため、氏直はついに家康に和睦を申し入れることにした（平山二〇一二）。「織田政権」の諸将による援軍派遣が、政権内部の対立が激化して中止になったことや、織田信雄・信孝兄弟からの勧めもあったため、家康も和睦に応ずることにし、十月二十九日に和睦は成立した（『大日本史料』十一編之二、八四六頁）。

和睦の条件は主として二点であり、第一は国分け協定で、北条方が押さえていた信濃佐久郡と甲斐都留郡の二郡は徳川方に割譲し、かわりに上野国は沼田《ぬまた》領も含めて北条領とする。第二に、家康の息女督姫《とくひめ》を氏直の正室に迎え、両家は同盟を結ぶ、というものであった。和睦の成立で両軍は人質を取り交わし、氏直はその日のうちに撤退を開始した。

家康はなおしばらく甲府にとどまり、甲斐・信濃の経略に努めた。和睦の際の領土協定は「手柄次第」、つまり実力に任せてということであり、新たな領国の統治はそれぞれの才覚に委ねられたからである。こうして、家康は天正十年末に、甲斐と佐久郡より以南の南信濃を手中にし、それまでの三河・遠江・駿河と合わせて、五ヵ国を領有する大名となった。これまでの長かった武田氏との抗争を経て、家康は新たな飛躍につながる地歩をしっかりと固めたのであった。

家康にとっての武田氏——エピローグ

これまで三章にわたり、家康《いえやす》が信玄《しんげん》・勝頼《かつより》の二代にわたって抗争をくり返してきた、その跡をたどってきた。その過程を振り返りながら、あらためて、家康にとって武田氏との抗争が何であったのかを、危機と幸運との観点から簡単にまとめて、むすびにかえることとしたい。

信玄との直接の交渉は、永禄十一年（一五六八）後半の今川《いまがわ》領国侵攻のための密約から始まったとみられるが、家康にとっては遠江を手中にする大きなチャンスとなった。大井《おおい》川を境とするという約束が守られていたならば、信玄とはお互いに棲み分けて、少なくとも当初は良好な関係を築くことができたかもしれない。

ところが、早々に遠江への野心をあらわにして、秋山虎繁《あきやまとらしげ》の遠州見付にまで至る侵犯があったため、家康は信玄に対して強い不信感を抱くことになり、これ以後一貫して、信玄への対決姿勢を貫いていくことになった。翌年二月に誓詞の交換をし、関係修復を試みたのであるが、家康の「疑心」は強く、誓詞に反する行動も行っている。すなわち、誓詞には氏真や北条氏康父子らとは和睦をしないという一項が入っていたようであるが、家康は氏真と氏康父子と和睦をし、氏真を沼津に去らせた。信玄はこれを怒り、このような家康の対応をどう考えているのかと、信長《のぶなが》に問い詰めている。

このことは外交上の掛け引きにも繋がり、家康は永禄十二年に入る頃から、信玄と敵対していた越後の上杉謙信《うえすぎけんしん》と接触するようになった。そして、元亀元年（一五七〇）十月には誓詞を交換し、ついに謙信と同盟を結ぶことになったのである。その第一条目で信玄とは明確に断交することを誓い、さらに、二条目では信長と輝虎《てるとら》とが入魂になるよう取りもつというだけではなく、武田・織田間の縁組みも破談になるよう信長に働きかけるとまでいっている。家康の信玄に対する並々ならぬ敵意が、よくあらわれているといえよう。

このような信玄との関係のもとで、最大の危機を迎えたのは、いうまでもなく、元亀三年十月に、信玄が遠江へ侵攻したことであった。高天神《たかてんじん》城の小笠原氏助《おがさわらうじすけ》をはじめ、有力な国衆たちがつぎつぎと信玄に降っていき、そして、いわゆる三方原《みかたばら》の戦いとなった。家康が籠城したままで武田軍をやり過ごすことはないと見越した信玄のおびき出し作戦は図に当たり、家康はまさに大敗を喫することになった。
もし信玄が、多少の犠牲を払うことになったとしても、勝ちに乗じて浜松城《はままつ》に攻めかかっていれば、城を落として家康を討ち取ることは十分に可能であった。しかしながら、三河から美濃へと先を急ぐ信玄は、その体調の悪化もあって、刑部《おさかべ》で越年するとそのまま三河野田城《のだ》攻めに向かった。家康にとってはまことに幸運なことで、しかも、その後間もなくして信玄が死去したのであるから、運も味方にしていたといえよう。

信玄の死去は、当面の危機を回避することにはなったが、武田氏の脅威はそのまま残った。信玄の後を継いだ勝頼はなかなかの勇将で、馬場信春《ばばのぶはる》や山県昌景《やまがたまさかげ》をはじめ、信玄以来の歴戦の諸将たちも健在であった。天正二年（一五七四）になると、勝頼は二月に美濃明知城《あけち》を落とし、六月には遠江高天神城も攻略した。当初、勝頼をみくびっていた信長も、勝頼は若輩ではあるが信玄の掟をよく守っており、油断できない相手であると、その認識を改めている。

翌天正三年は家康にとって、まさに危機と幸運とが背中合わせの、劇的な年となった。その危機とは、岡崎《おかざき》城の信康《のぶやす》周辺で、大岡弥四郎《おおおかやしろう》事件といわれる一種のクーデター計画があり、武田氏と通謀し、武田方の軍勢を三河足助《あすけ》方面から岡崎城に引き入れ、浜松城の家康に対抗しようとしたのである。この計画は一味の中に密告する者があって発覚し、家康がただちに処断して未遂に終わったのであるが、もし成功していれば、家康は大変な危機に陥るところであった。

その直後の五月に、いわゆる長篠《ながしの》の合戦があった。よく知られているように、織田・徳川連合軍が武田軍に圧勝し、武田方は馬場・山県らをはじめとする歴戦の勇将たちが多数討死し、壊滅的な打撃を被ったのである。これを契機に、信長は「天下人」への道を歩きはじめ、家康は信玄の遠江侵攻時に奪われた光明《こうみよう》城・犬居《いぬい》城・諏訪原《すわはら》城、そして二俣《ふたまた》城などをつぎつぎに奪還し、遠江支配を次第に揺るぎないものにしていった。

高天神城奪還に向けての戦いは、天正五年頃から本格的になるが、そのたびに勝頼自身による後詰《ごづめ》があって、長期戦になった。ところが、いわゆる「御館《おたて》の乱」に介入した勝頼が、結果的に上杉景勝《かげかつ》と同盟を結んだことにより、北条氏との同盟が破棄されたことは、家康にとっては幸運なことであった。駿河・伊豆の国境地域における北条氏との抗争が激しくなったため、天正七年を最後に、勝頼自身による遠江への出馬が叶わなくなったのである。

高天神城の攻略問題は、その頃になると、「天下人」信長の天下統一政策とのかかわりを強くもつようになっていた。高天神城籠城衆からの降伏の申し出を許さないとした信長の判断は、結果的にみて、まことに見事であった。勝頼が後詰に出てこなかったため、勝頼が城兵を「見殺しにした」という怨嗟の声が、武田氏の全領国に広がったのである。天正十年二月に、織田信忠が率いる織田軍が武田領に侵攻したところ、ほとんど抵抗らしい抵抗がなかったことは、すでに勝頼から人心がすっかり離れていた結果であった。

こうして、家康と信玄・勝頼二代にわたる抗争は、家康の勝利をもって終わったのである。しかしながら、それは幾多の危機を乗り越えて、また運も味方にして達成されたものであった。その過程で、家康が学んだことは多かったと思われる。この後の家康の長い道のりを経た飛躍は、まさにそのような試練を糧にしたものであったといわなければならないだろう。

あとがき

筆者が本書の刊行を思い立ったのは、家康を主題とした拙著『定本徳川家康』の執筆時点にさかのぼる。拙著では、もとよりこの武田氏との抗争の時期に一章を宛てているとはいえ、家康の生涯を取りあげているため、自ずと紙数は限られていた。そのため、拙著執筆の折りに、武田氏との関係については、もっとしっかりと書き込んでみたいという想いを持ったことが、本書執筆のそもそもの動機である。

その後、織田信長や豊臣秀吉に比べると、家康に関するたしかな内容の概説がないことを憂いていたところ、幸いなことに、最近になって家康を主題とした概説書が相次いで刊行された。笠谷和比古氏の『徳川家康』（ミネルヴァ書房、二〇一六年）と柴裕之氏の『徳川家康』（平凡社、二〇一七年）である。ところが、前者は評価すべき点も少なくないとはいえ、この武田氏との時期に関しては、誤りや不十分なところが目立った。後者はこの時期の叙述は正確で、ほぼ納得がいく内容ではあったが、拙著と同様に紙数が限られているという制約があり、やはり概要の叙述にとどまっている。これらのことも、本書執筆への気持ちを、後押しすることになった。

さらにこの間、信長や足利義昭、また武田氏に関する研究の進展が著しいということがある。そのような最新の研究を受けとめて、新たな概説を書いてみたいということが、もうひとつの大きな動機になっている。巻末にあげた参考文献をご覧いただければわかるように、引用文献の大半は、拙著を刊行した二〇一〇年以降のものである。それらの研究成果を生かし切れたとはとてもいえないが、少なくとも、できるだけ批判的に検討し、生かそうと努力したことはたしかである。力及ばずという点については、筆者の能力の限界として、お許しいただくほかない。

本書を刊行することによって、『定本徳川家康』『人をあるく徳川家康と関ヶ原の戦い』と合わせて、図らずも、家康三部作が完成することになった。いずれも吉川弘文館から刊行されたものであるが、出版事情がますます厳しい折りであるにもかかわらず、今回も筆者の希望を快諾され、歴史文化ライブラリーの一冊に加えて下さった。『定本徳川家康』と同様に、行き届いた編集をして下さった高尾すずこ氏ともども、心からお礼を申し上げる次第である。

筆者の研究は、もとよりこの三部作の完成をもって終わるということではない。「徳川家康」を直接冠した著作の刊行はなくなるかもしれないが、引き続き、家康に関連する諸課題を中心に、今後とも研究を続けていくつもりである。その決意をあえて表明し、本書を閉じることとしたい。

二〇一九年一月七日

本　多　隆　成

参考文献

◇史料等

『大日本史料』第十編（史料とし、算用数字で巻数、漢数字で頁数を記す）
『戦国遺文後北条氏編』（戦北とし、文書番号を記す）
『戦国遺文武田氏編』（戦武とし、文書番号を記す）
『戦国遺文今川氏編』（戦今とし、文書番号を記す）
『静岡県史』資料編7・8（静県とし、算用数字で巻数、漢数字で文書番号を記す）
『愛知県史』資料編11（愛県とし、文書番号を記す）
『群馬県史』資料編7（群県とし、文書番号を記す）
『上越市史』別編1（上越とし、文書番号を記す）
中村孝也『徳川家康文書の研究』上巻（日本学術振興会、一九五八年。家康文書とし、頁数を記す）
徳川義宣『新修徳川家康文書の研究』（徳川黎明会、一九八三年。新修家康文書とし、頁数を記す）
奥野高廣『増訂織田信長文書の研究』上巻・下巻・補遺・索引（吉川弘文館、一九八八年。信長文書とし、文書番号を記す）
太田牛一『信長公記』（奥野高広・岩澤愿彦校注、角川書店、一九六九年）
小瀬甫庵『信長記』上・下（神郡周校注、現代思潮社、一九八一年）

松平家忠『家忠日記』（竹内理三編『増補続史料大成』臨川書店、一九七九年）
大久保忠教『三河物語』（日本思想大系26、岩波書店、一九七四年）
『当代記』（『史籍雑纂』第二、続群書類従完成会、一九七四年）
『松平記』（国立公文書館内閣文庫、三三〇七八号）
『甲陽軍鑑』（酒井憲二編著『甲陽軍鑑大成』第一・二巻、汲古書院、一九五四年）
参謀本部編『日本戦史三方原役』（村田書店、一九七八年復刻版、初版一九〇二年）
同　『日本戦史長篠役』（村田書店、一九七八年復刻版、初版一九〇三年）

◇著書・論文

浅倉直美「天文～永禄期の北条氏規について―本光院殿菩提者となるまで―」（『駒沢史学』九〇号、二〇一八年）
天野忠幸『三好一族と織田信長「天下」をめぐる覇権戦争』（戎光祥出版、二〇一六年）
有光友學『今川義元』（吉川弘文館、二〇〇八年）
安藤　弥「一向一揆研究の現状と課題」（新行紀一編『戦国期の真宗と一向一揆』吉川弘文館、二〇一〇年）
同　「『三河一向一揆』は、家康にとって何であったのか」（平野明夫編『家康研究の最前線ここまでわかった「東照神君」の実像』洋泉社、二〇一六年）
池　享『動乱の東国史7東国の戦国争乱と織豊権力』（吉川弘文館、二〇一二年）

池上裕子『織田信長』（吉川弘文館、二〇一二年）
井原今朝男「徳川家康と依田信蕃・康国―佐久郡の戦国・織豊期について―」（図録『武士の家宝―かたりつがれた御家の由緒―』長野県立博物館、二〇一一年）
遠藤英弥「義元の死後、家康と今川家との関係はどうなったのか」（前掲『家康研究の最前線』二〇一六年）
大石泰史『今川氏滅亡』（ＫＡＤＯＫＡＷＡ、二〇一八年）
太田浩司「姉川合戦と戦場の景観」（渡邊大門編『信長軍の合戦史一五六〇―一五八二』吉川弘文館、二〇一六年）
大塚　勲「改訂　武田・徳川、攻防の推移」（同『駿河国中の中世史』羽衣出版、二〇一三年）
奥野高広『足利義昭』（吉川弘文館、一九六〇年）
小笠原春香「戦国大名武田氏の小田原侵攻と三増合戦」（『駒沢史学』六六号、二〇〇六年）
同「武田氏の駿河侵攻と徳川氏」（『地方史研究』三三六号、二〇〇八年ａ）
同「武田氏の外交と戦争―武田・織田同盟と足利義昭―」（平山優・丸島和洋編『戦国大名武田氏の権力と支配』岩田書院、二〇〇八年ｂ）
同「駿遠国境における徳川・武田間の攻防」（久保田昌希編『松平家忠日記と戦国社会』岩田書院、二〇一一年ａ）
同「武田氏の東美濃攻略と遠山氏」（柴辻俊六編『戦国大名武田氏の役と家臣』岩田書院、二〇一一年ｂ）

同　「武田・織田間の抗争と東美濃―元亀・天正年間を中心に―」（『武田氏研究』五三号、二〇一六年）

小川隆司「武田・徳川両氏の攻防と城郭」（『藤枝市史研究』二号、二〇〇〇年）

小川　雄「一五五〇年代の東美濃・奥三河情勢―武田氏・今川氏・織田氏・斎藤氏の関係を中心として―」（『武田氏研究』四七号、二〇一三年）

同　『徳川権力と海上軍事』（岩田書院、二〇一六年）第三章（初出二〇一四年）

同　「桶狭間敗戦以降の三河情勢と『今川・武田同盟』」（大石泰史編『今川氏研究の最前線ここまでわかった「東海の大大名」の実像』洋泉社、二〇一七年）

小和田哲男『今川義元自分の力量を以て国の法度を申付く』（ミネルヴァ書房、二〇〇四年）

同　『東海の戦国史天下人を輩出した流通経済の要衝』（ミネルヴァ書房、二〇一六年）

小楠和正『検証・三方ヶ原合戦』（静岡新聞社、二〇〇〇年）

笠谷和比古『徳川家康われ一人腹を切て、万民を助くべし』（ミネルヴァ書房、二〇一六年）

糟谷幸裕「今川氏の永禄六年―『三州急用』と『惣国』―」（『戦国史研究』六〇号、二〇一〇年）

同　「『境目』の地域権力と戦国大名―遠州引間飯尾氏と今川氏―」（渡辺尚志編『移行期の東海地域史―中世・近世・近代を架橋する―』勉誠出版、二〇一六年）

金子　拓『織田信長〈天下人〉の実像』（講談社、二〇一四年）

同　『織田信長不器用すぎた天下人』（河出書房新社、二〇一七年ａ）

同　「長篠の戦い後の織田信長と本願寺」（『白山史学』五三号、二〇一七年ｂ）

鴨川達夫『武田信玄と勝頼―文書にみる戦国大名の実像』（岩波書店、二〇〇七年a）
同「武田氏滅亡への道」（『山梨県史』通史編2中世、山梨県、二〇〇七年b）、第九章第一節
同「元亀年間の武田信玄―『打倒信長』までのあゆみ―」（『東京大学史料編纂所研究紀要』二二号、二〇一二年）
同「武田信玄の『西上作戦』を研究する」（『東京大学史料編纂所研究紀要』二五号、二〇一五年）
神田千里『戦国時代の自力と秩序』（吉川弘文館、二〇一三年）、補論二（初出二〇一〇年）
同『織田信長』（筑摩書房、二〇一四年）
木下昌規「本能寺の変」（前掲『信長軍の合戦史』二〇一六年a）
同「本能寺の変の黒幕説（朝廷・足利義昭）は成り立つのか」（渡邊大門編『戦国史の俗説を覆す』柏書房、二〇一六年b）
久野雅司編著『足利義昭』（戎光祥出版、二〇一五年）、「足利義昭政権と織田政権―京都支配の検討を中心として―」（初出二〇〇三年）、「足利義昭政権論」（初出二〇〇九年）
同『足利義昭と織田信長傀儡政権の虚像』（戎光祥出版、二〇一七年）
久保田昌希『戦国大名今川氏と領国支配』（吉川弘文館、二〇〇五年）第一編第二章二（初出一九八一年）、同三（初出二〇〇〇年）
栗原　修「上杉氏の外交と奏者―対徳川氏交渉を中心として―」（『戦国史研究』三二号、一九九六年）
同「上杉・織田間の外交交渉について」（所理喜夫編『戦国大名から将軍権力へ』吉川弘文館、

二〇〇〇年）
黒田日出男『『甲陽軍鑑』の史料論―武田信玄の国家構想』（校倉書房、二〇一五年）
黒田基樹『戦国大名と外様国衆』（文献出版、一九九七年）終章
同　『戦国期東国の大名と国衆』（岩田書院、二〇〇一年）第四章（初出一九九六年）、第十章（初出一九九五年）
呉座勇一『陰謀の日本中世史』（KADOKAWA、二〇一八年）
桐野作人『織田信長戦国最強の軍事カリスマ』（新人物往来社、二〇一一年）
酒入陽子「家康家臣団における大須賀康高の役割」（『日本歴史』六一二号、一九九九年）
笹本正治『武田勝頼日本にかくれなき弓取』（ミネルヴァ書房、二〇一一年）
同　『甲信の戦国史武田氏と山の民の興亡』（ミネルヴァ書房、二〇一六年）
柴　裕之「岡部正綱の政治的位置」（『野田市史研究』一四号、二〇〇三年）
同　『戦国・織豊期大名徳川氏の領国支配』（岩田書院、二〇一四年）第一部第一章（初出二〇〇五年）、補論1（初出二〇一一年）、第二章（初出二〇〇七年）、付論（初出二〇一〇年）、第二部第二章（初出二〇〇六年）
同　「松平信康事件は、なぜ起きたのか？」（渡邊大門編『家康伝説の嘘』柏書房、二〇一五年）
同　「足利義昭政権と武田信玄―元亀争乱の展開再考―」（『日本歴史』八一七号、二〇一六年）
同　『徳川家康境界の領主から天下人へ』（平凡社、二〇一七年a）
同　「足利義昭の『天下再興』と織田信長―「天下布武」の実現過程―」（戦国史研究会編『戦国期政

同　　　治史論集【西国編】』岩田書院、二〇一七年b）
同　　　「織田氏との対立、松平氏の離叛はなぜ起きたか」（前掲『今川氏研究の最前線』二〇一七年c）
同　　　「織田・上杉開戦への過程と展開―その政治要因の追究―」（『戦国史研究』七五号、二〇一八年）
柴辻俊六『信玄の戦略組織、合戦、領国経営』（中央公論新社、二〇〇六年）
同　　　『戦国期武田氏領の地域支配』（岩田書院、二〇一三年）第一章第七節（初出二〇〇九年）、第八節（初出二〇一一年）
白峰　旬「いわゆる小山評定についての諸問題―本多隆成氏の御批判を受けての所見、及び、家康宇都宮在陣説の提示―」（『別府大学大学院紀要』一九号、二〇一七年）
新行紀一『新編岡崎市史』2中世、第四章（新編岡崎市史編さん委員会、一九八九年）
同　　　「設楽原決戦の歴史的意義」（『設楽原歴史資料館研究紀要』創刊号、一九九七年）
鈴木眞哉『鉄砲隊と騎馬軍団真説・長篠合戦』（洋泉社、二〇〇三年）
同　　　『戦国軍事史への挑戦疑問だらけの戦国合戦像』（洋泉社、二〇一〇年）
同　　　『戦国「常識・非常識」大論争！旧説・奇説を信じる方々への最後通牒』（洋泉社、二〇一一年）
同・藤本正行『信長は謀略で殺されたのか本能寺の変・謀略説を嗤う』（洋泉社、二〇〇六年）
鈴木将典「総論　戦国期の北遠地域と遠江天野氏・奥山氏」（同編『論集戦国大名と国衆8遠江天野氏・奥山氏』岩田書院、二〇一二年）
同　　　「信長は、なぜ武田氏と戦ったのか」（日本史史料研究会編『信長研究の最前線ここまでわかっ

た「革新者」の実像』洋泉社、二〇一四年）
同　『国衆の戦国史遠江の百年戦争と「地域領主」の興亡』（洋泉社、二〇一七年）
須藤茂樹『武田親類衆と武田氏権力』（岩田書院、二〇一八年）第三部第一章（初出一九八八年）
太向義明『長篠の合戦—虚像と実像のドキュメント—』（山梨日日新聞社出版局、一九九六年）
同　「戦国〝騎馬隊〟像の形成史を遡る」（『武田氏研究』二一号、一九九九年）
高柳光寿『戦国戦記三方原の戦』（春秋社、一九五八年）
同　『戦国戦記長篠の戦』（春秋社、一九六〇年）
谷口克広『検証本能寺の変』（吉川弘文館、二〇〇七年）
同　『信長と家康—清須同盟の実体—』（学研パブリッシング、二〇一二年）
同　『信長と将軍義昭連携から追放、包囲網へ』（中央公論新社、二〇一四年）
土屋比都司「高天神攻城戦と城郭—天正期徳川氏の付城を中心に—」（『中世城郭研究』二三号、二〇〇九年）
徳富猪一郎『近世日本国民史織田氏時代中篇』（民友社、一九一九年、一九二四年改版）
長屋隆幸「長篠の戦い」（前掲『信長軍の合戦史』二〇一六年）
長谷川弘道「永禄末年における駿・越交渉について—駿・甲同盟決裂の前提—」（『武田氏研究』一〇号、一九九三年）
同　「永禄三年五月の軍事行動の意図」（『戦国史研究』三五号、一九九八年）
原　史彦「徳川家康三方ヶ原戦役画像の謎」（『金鯱叢書』四三輯、二〇一六年）
平野明夫『徳川権力の形成と発展』（岩田書院、二〇〇六年）第一章第二節（初出一九九六年）、第二章

第一節（初出一九九五年）
同「織田・徳川同盟は強固だったのか」（前掲『信長研究の最前線』二〇一四年）
同「桶狭間の戦い」（前掲『信長軍の合戦史』二〇一六年ａ）
同「『神君伊賀越え』の真相」（前掲『戦国史の俗説を覆す』二〇一六年ｂ）
同「家康は、いつ、今川氏から完全に自立したのか」（前掲『家康研究の最前線』二〇一六年ｃ）
同「信長・信玄・謙信を相手に独自外交を展開した家康」（同ｄ）
同「誓願寺住持泰翁慶岳」（誓願寺文書研究会編『誓願寺文書の研究―戦国・京都・総本山―』岩田書院、二〇一七年ａ）
同「永禄六年・同七年の家康の戦い―三河一向一揆の過程―」（前掲『戦国期政治史論集【西国編】』二〇一七年ｂ）
平山　優『武田信玄』（吉川弘文館、二〇〇六年）
同「長閑斎考」（『戦国史研究』五八号、二〇〇九年）
同『天正壬午の乱　本能寺の変と東国戦国史』（学研パブリッシング、二〇一一年）
同『敗者の日本史9　長篠合戦と武田勝頼』（吉川弘文館、二〇一四年ａ）
同『検証長篠合戦』（吉川弘文館、二〇一四年ｂ）
同『武田氏滅亡』（ＫＡＤＯＫＡＷＡ、二〇一七年）
藤木久志『豊臣平和令と戦国社会』（東京大学出版会、一九八五年）第一章第一節
藤田達生『証言本能寺の変　史料で読む戦国史』（八木書店、二〇一〇年）

同　『城郭と由緒の戦争論』（校倉書房、二〇一七年）、第二部第四章（初出二〇〇五年）
藤本正行　『信長の戦国軍事学戦術家・織田信長の実像』（宝島社、一九九三年）
同　『長篠の戦い信長の勝因・勝頼の敗因』（洋泉社、二〇一〇年a）
同　『本能寺の変信長の油断・光秀の殺意』（洋泉社、二〇一〇年b）
同　『再検証長篠の戦い「合戦論争」の批判に答える』（洋泉社、二〇一五年）
本多隆成　『初期徳川氏の農村支配』（吉川弘文館、二〇〇六年）第一章
同　『近世東海地域史研究』（清文堂、二〇〇八年）第一章（初出二〇〇一年）
同　『定本徳川家康』（吉川弘文館、二〇一〇年、本書では拙著とする）
同　「武田信玄の遠江侵攻経路―鴨川説をめぐって―」（『武田氏研究』四九号、二〇一三年）
同　「徳川・武田両氏の攻防と二俣城」（『二俣城跡・鳥羽山城跡総合調査報告書』浜松市教育委員会、二〇一七年a）
同　「松平信康事件について」（『静岡県地域史研究』七号、二〇一七年b）
同　「『小山評定』再々論―家康宇都宮在陣説を中心に―」（『地方史研究』三九八号、二〇一九年）
前田利久　「戦国大名武田氏の富士大宮支配」（『地方史静岡』二〇号、一九九二年）
同　「武田信玄の駿河侵攻と諸城」（『地方史静岡』二二号、一九九四年）
丸島和洋　「甲越和与の発掘と越相同盟」（『戦国遺文武田氏編』月報6、二〇〇六年）
同　『戦国大名の「外交」』（講談社、二〇一三年）
同　「武田氏から見た今川氏の外交」（『静岡県地域史研究』五号、二〇一五年）

同　「武田・毛利同盟の成立過程と足利義昭の『甲相越三和』調停—すれ違う使者と書状群—」（『武田氏研究』五三号、二〇一六年）
同　『武田勝頼試される戦国大名の「器量」』（平凡社、二〇一七年a）
同　「今川氏の栄枯盛衰と連動した『甲駿相三国同盟』」（前掲『今川氏研究の最前線』二〇一七年b）
同　「武田・徳川同盟に関する一史料—『三ヶ年之鬱憤』をめぐって—」（『武田氏研究』五六号、二〇一七年c）
同　「松平元康の岡崎城帰還」（『戦国史研究』七六号、二〇一八年）
宮本義己「松平元康〈徳川家康〉の器量と存在感」（『大日光』七一号、二〇〇一年）
村岡幹生「永禄三河一揆の展開過程—三河一向一揆を見直す—」（前掲『戦国期の真宗と一向一揆』二〇一〇年）
同　「今川氏の尾張進出と弘治年間前後の織田信長・織田信雄」（『愛知県史研究』一五号、二〇一一年）
山田康弘『戦国時代の足利将軍』（吉川弘文館、二〇一一年）
横山住雄『中世武士選書6武田信玄と快川和尚』（戎光祥出版、二〇一一年）
渡辺世祐「鉄砲利用の新戦術と長篠戦争」（『國史論叢』文雅堂書店、一九五六年、初出一九三八年）

著者略歴

一九四二年、大阪市に生まれる
一九七三年、大阪大学大学院文学研究科博士課程単位取得退学
一九八九年、大阪大学文学博士学位取得
現在、静岡大学名誉教授

〔主要著書〕
『近世初期社会の基礎構造』（吉川弘文館、一九八九年）
『初期徳川氏の農村支配』（吉川弘文館、二〇〇六年）
『近世東海地域史研究』（清文堂、二〇〇八年）
『定本徳川家康』（吉川弘文館、二〇一〇年）
『徳川家康と関ヶ原の戦い』（人をあるく、吉川弘文館、二〇一三年）
『近世の東海道』（清文堂、二〇一四年）

歴史文化ライブラリー
482

徳川家康と武田氏
信玄・勝頼との十四年戦争

二〇一九年（平成三十一）四月　一日　第一刷発行
二〇二二年（令和　四　）三月二十日　第二刷発行

著　者　本《ほん》多《だ》隆《たか》成《しげ》
発行者　吉川道郎
発行所　株式会社 吉川弘文館
東京都文京区本郷七丁目二番八号
郵便番号一一三―〇〇三三
電話〇三―三八一三―九一五一〈代表〉
振替口座〇〇一〇〇―五―二四四
http://www.yoshikawa-k.co.jp/
印刷＝株式会社 平文社
製本＝ナショナル製本協同組合
装幀＝清水良洋・高橋奈々

ISBN978-4-642-05882-7

歴史文化ライブラリー

1996. 10

刊行のことば

現今の日本および国際社会は、さまざまな面で大変動の時代を迎えておりますが、近づきつつある二十一世紀は人類史の到達点として、物質的な繁栄のみならず文化や自然・社会環境を謳歌できる平和な社会でなければなりません。しかしながら高度成長・技術革新にともなう急激な変貌は「自己本位な刹那主義」の風潮を生みだし、先人が築いてきた歴史や文化に学ぶ余裕もなく、いまだ明るい人類の将来が展望できていないようにも見えます。

このような状況を踏まえ、よりよい二十一世紀社会を築くために、人類誕生から現在に至る「人類の遺産・教訓」としてのあらゆる分野の歴史と文化を「歴史文化ライブラリー」として刊行することといたしました。

小社は、安政四年（一八五七）の創業以来、一貫して歴史学を中心とした専門出版社として書籍を刊行しつづけてまいりました。その経験を生かし、学問成果にもとづいた本叢書を刊行し社会的要請に応えて行きたいと考えております。

現代は、マスメディアが発達した高度情報化社会といわれますが、私どもはあくまでも活字を主体とした出版こそ、ものの本質を考える基礎と信じ、本叢書をとおして社会に訴えてまいりたいと思います。これから生まれでる一冊一冊が、それぞれの読者を知的冒険の旅へと誘い、希望に満ちた人類の未来を構築する糧となれば幸いです。

吉川弘文館

歴史文化ライブラリー

中世史

列島を翔ける平安武士 九州・京都・東国——野口 実
源氏と坂東武士——野口 実
敗者たちの中世争乱 年号から読み解く——関 幸彦
平氏が語る源平争乱——永井 晋
熊谷直実 中世武士の生き方——高橋 修
中世武士 畠山重忠 秩父平氏の嫡流——清水 亮
頼朝と街道 鎌倉政権の東国支配——木村茂光
六波羅探題 京を治めた北条一門——森 幸夫
大道 鎌倉時代の幹線道路——岡 陽一郎
仏都鎌倉の一五〇年——今井雅晴
鎌倉北条氏の興亡——奥富敬之
鎌倉幕府はなぜ滅びたのか——永井 晋
三浦一族の中世——高橋秀樹
伊達一族の中世「独眼龍」以前——伊藤喜良
弓矢と刀剣 中世合戦の実像——近藤好和
その後の東国武士団 源平合戦以後——関 幸彦
荒ぶるスサノヲ、七変化〈中世神話〉の世界——斎藤英喜
曽我物語の史実と虚構——坂井孝一
鎌倉浄土教の先駆者 法然——中井真孝
親 鸞——平松令三
親鸞と歎異抄——今井雅晴
畜生・餓鬼・地獄の中世仏教史 因果応報と悪道——生駒哲郎
神や仏に出会う時 中世びとの信仰と絆——大喜直彦
神仏と中世人 宗教をめぐるホンネとタテマエ——衣川 仁
神風の武士像 蒙古合戦の真実——関 幸彦
鎌倉幕府の滅亡——細川重男
足利尊氏と直義 京の夢、鎌倉の夢——峰岸純夫
高 師直 室町新秩序の創造者——亀田俊和
新田一族の中世「武家の棟梁」への道——田中大喜
皇位継承の中世史 血統をめぐる政治と内乱——佐伯智広
地獄を二度も見た天皇 光厳院——飯倉晴武
南朝の真実 忠臣という幻想——亀田俊和
信濃国の南北朝内乱 悪党と八〇年のカオス——櫻井 彦
中世の巨大地震——矢田俊文
大飢饉、室町社会を襲う!——清水克行
中世の富と権力 寄進する人びと——湯浅治久
中世は核家族だったのか 民衆の暮らしと生き方——西谷正浩

歴史文化ライブラリー

出雲の中世 地域と国家のはざま——佐伯徳哉
中世武士の城——齋藤慎一
戦国の城の一生 つくる・壊す・蘇る——竹井英文
九州戦国城郭史 大名・国衆たちの築城記——岡寺　良
徳川家康と武田氏 信玄・勝頼との十四年戦争——本多隆成
戦国大名毛利家の英才教育 元就・隆元・輝元と妻たち——五條小枝子
戦国大名の兵粮事情——久保健一郎
戦乱の中の情報伝達 使者がつなぐ中世京都と在地——酒井紀美
戦国時代の足利将軍——山田康弘
〈武家の王〉足利氏 戦国大名と足利的秩序——谷口雄太
室町将軍の御台所 日野康子・重子・富子——田端泰子
名前と権力の中世史 室町将軍の朝廷戦略——水野智之
摂関家の中世 藤原道長から豊臣秀吉まで——樋口健太郎
戦国貴族の生き残り戦略——岡野友彦
鉄砲と戦国合戦——宇田川武久
検証 長篠合戦——平山　優
織田信長と戦国の村 天下統一のための近江支配——深谷幸治
検証 本能寺の変——谷口克広
明智光秀の生涯——諏訪勝則
加藤清正 朝鮮侵略の実像——北島万次
落日の豊臣政権 秀吉の憂鬱、不穏な京都——河内将芳
豊臣秀頼——福田千鶴
イエズス会がみた「日本国王」天皇・将軍・信長・秀吉——松本和也
海賊たちの中世——金谷匡人
アジアのなかの戦国大名 西国の群雄と経営戦略——鹿毛敏夫
琉球王国と戦国大名 島津侵入までの半世紀——黒嶋　敏
天下統一とシルバーラッシュ 銀と戦国の流通革命——本多博之

各冊一七〇〇円～二一〇〇円（いずれも税別）
▽残部僅少の書目も掲載してあります。品切の節はご容赦下さい。
▽品切書目の一部について、オンデマンド版の販売も開始しました。
詳しくは出版図書目録、または小社ホームページをご覧下さい。